数字时代的

中小微企业融资

徐晓红 著

中国金融出版社

责任编辑：张怡姮
责任校对：李俊英
责任印制：张也男

图书在版编目（CIP）数据

数字时代的中小微企业融资／徐晓红著．—北京：中国金融出版社，2022.1
ISBN 978-7-5220-1493-7

Ⅰ.①数…　Ⅱ.①徐…　Ⅲ.①中小企业—企业融资—研究—中国
Ⅳ.①F279.243

中国版本图书馆 CIP 数据核字（2022）第 016805 号

数字时代的中小微企业融资
SHUZI SHIDAI DE ZHONGXIAOWEI QIYE RONGZI

出版
发行　中国金融出版社

社址　北京市丰台区益泽路 2 号
市场开发部　(010)66024766，63805472，63439533（传真）
网 上 书 店　www.cfph.cn
　　　　　　(010)66024766，63372837（传真）
读者服务部　(010)66070833，62568380
邮编　100071
经销　新华书店
印刷　河北松源印刷有限公司
尺寸　169 毫米×239 毫米
印张　16
字数　180 千
版次　2022 年 3 月第 1 版
印次　2022 年 3 月第 1 次印刷
定价　68.00 元
ISBN 978-7-5220-1493-7

鸣　谢

此书的部分章节是根据笔者在广州国际金融研究院所做的多项研究总结而成的，笔者在项目研究和本书的撰写过程中受到了广州国际金融研究院多方面的支持。尤其需要提及的是金融研究院前院长、现任名誉院长，笔者多年的朋友王建业先生对此书提出了非常珍贵的修改意见，目前本书的部分章节就是根据他的建议增加的，这些改动大大增强了本书各章节之间的逻辑关系。在此也需要感谢笔者的忠实读者及丈夫程宜荪先生，是他不厌其烦地一遍遍为本书校正并提出非常有价值的修改意见，这本书之所以能够问世，他的辛勤劳动功不可没。同时感谢深圳市供应链金融协会、深圳福田区供应链金融协会给了我机会参加第一线的金融科技实践和探索，感谢珠海得分金融科技有限公司的全体员工，其中不少人为本书的数据、编辑付出了努力。

序

晓红的这本书集中反映了她2017年从国家外汇管理局中央外汇交易中心离任后对我国金融领域重大现实问题的观察和思考。从某种意义上来说，这是她对中国人民银行易纲行长当年所提问题的回应。在与外汇局同事话别时，同为北京大学77级校友，也在20世纪80年代初公派出国留学的易纲谈到金融脱实向虚的倾向，我国经济转型过程中金融业为实体经济服务的挑战，尤其突出的中小微企业融资等难题。世界第二大经济体中央银行决策层不仅考虑宏观经济和货币政策，也同样关注结构性问题的微观基础，货币政策的传导机制和有效性。晓红萌生写作本书的想法也许并非始于一次讨论，易纲的“难题”应该最为关键，也无疑影响了晓红这几年研究的选题。

晓红、宜荪夫妇从北京移居珠海之后，我也于2018年初离开丝路基金回到阔别近30年的家乡广州，我们在粤港澳大湾区不期而遇。也许都有国际国内主要金融机构长期从业的经历，都警惕风险过度累积，也都关注可持续发展，我们很快就共同关心的问题形成共识。广州国际金融研究院（广州大学金融研究院）在2019—2020年先后资助了晓红、宜荪牵头的《债券违约量化研究和企业信用风险预测》和《供应链金融难题破解》两个课题，主要的成果以6篇研究院内部刊物论文及项目报告的形式发出，其中有些建议如提高供应链金融的风险管理水平、搭建区域性供应链金融公共服务平台、数字资产交易中心等得到深圳、珠海、广州有关部门的重视，在它们的支持下正在深入研究，试点落实。我们还就国际金融突发事件或重大创新，如数字稳定币与跨境支付，新冠肺炎疫情对国际供应链的冲击，疫情下美联储应对突发性流动性危机的举措等题目合作论文。这些研究除了向有关部门反映我国南方经济的实际情况，提出解决问题的思路，也加深了晓红对中小微企业融资难题全球共性和中国市场环境下特点的理解。我在金融研究院的工作得到了广州大学屈哨兵书记、魏明海校长，广州市地方金融监督管理局邱亿通局长等的大力支持，晓红这本书的探索也间接受益于这些同志的远见和担当。

这本书从金融科技、数字经济的角度解析中小微企业在我国发展现阶段市场环境下融资难、融资贵的问题，具有鲜明的时代特色，有很强的针对性和实用性。中小微企业融资难题的解决思路包括供给侧结构性改革，如发展中小区域性银行，发展直接融资、多层次资本市场，发展征信业，改进融资担保，加强其他增信手段等，以减轻这一特定市场的信息不对称。晓红另辟蹊径，直面中小微企业风险高（违约率高、破产清算债务回收率低）和信贷成本高（贷款短、小、急、碎）的痛点，分析总结国内外已有的案例，探索金融科技（人工智能、区块链、云计算、大数据等）在贷前风险识别、贷后风险控制，以及大幅降低信贷操作成本的机理和作用。晓红理工科的背景加上长期在大型国际投融资机构量化交易、风险控制部门担任主管的经验使她在这一研究路径得心应手。

这本书的内容专业，但表述清晰，由浅入深，可读性很强，相信对这一问题感兴趣的业界员工，学界的老师学生，以及政府部门的官员会从中受益。晓红写作有理工科的严谨，也有文科生的风采。我在一年前看到本书初稿时曾提过增加总体分析框架和加强各章逻辑联系等建议。晓红增加了第二章，又根据近年来国内外对互联网科技巨头进军金融服务加强监管的实践，扩展、增补了反市场垄断、数据寡头、隐私保护等内容以及包括蚂蚁金服集团整改等最新案例（第十三章）。晓红在北京工作之余画了100多幅漫画，出版了《京城百画》的漫画集。这本书不是漫画，但表述有漫画的直观、简洁、灵动，阅读的愉悦是我向读者推荐此书的重要理由。

我国民营企业的绝大部分是中小微企业，从这个意义上来说，中小微企业融资的难题也是民营企业融资、民营经济发展的难题。民营企业平均资源使用效率（如净资产收益率）长期高于国有企业但一直面对更昂贵的信用利差和众多的隐性信贷门槛。这几年市场信用违约爆发民营企业先于国有企业，尽管2019年以来在中央政策的支持下，民营企业的信贷融资有所改善，但在新增银行贷款、债券市场融资份额仍然远低于民营企业对我国城镇就业和技术创新的贡献度。民营企业的融资劣势有可能导致行业资产向传统国企巨头集中，包括在一些新兴行业如可再生能源。面对百年未有之大变局，保持民营经济的活力对我国跨越“中等收入陷阱”，经济长期可持续发展至关重要。对易纲提出的“难题”，晓红的这本书做了实用性很强的探索。中国经济的“难题”永远在路上，还有很多问题有待深究，值得有志开拓的业界学界人士继续努力。

王建业

2021年11月

前　言

我不知道很多年以后，历史将怎样描述公元2020年。

这像是一场人类和病毒的“世界大战”。我在屏幕上敲打出这几行文字时，新冠肺炎疫情（以下简称疫情）在全球全面暴发并且没有任何缓解的迹象，数以亿计的人被感染，全球数以百万计的人失去生命。抗疫“战争”的中国“战场”正在进入第二阶段，除了在国界上严防死守防止输入性感染之外，战线转向经济。而在这场战争中，经济战线的要塞是数量最大、受影响最直接也是最脆弱的中小微企业。疫情在全球轮番按下暂停键，这对于劳动力密集型服务业、外向型供应链企业和低端制造业内的大量中小微企业，是一场次生灾难。中小微企业难，难在融资。这本来就是一个全球性的难题。中国国情的特殊性给这个难题又增加了一个额外的维度。疫情发生带来的避险情绪使资金池水位不断下降，让本来就难的中小微企业融资变得难上加难。复工需要资金，运营需要资金，偿债需要资金，转型需要资金，发展需要资金，中小企业活下去需要资金。我自己目前也是中小微企业家队伍中的一员。对中国民营企业资金困难，尤其是中小微企业的融资困难感同身受。中小企业怎么融资？融资难、融资贵的症结在什么地方？这是困扰了我很久而且研究了一段时间的问题。疫情大流行，使我有一种需要把这些研究结果梳理出来的冲动。也许，站在一个更高的高度思考每一个中小企业家每天面临的融资困境，虽然起不到立竿见影的作用，但这对找到今后长远的发展方向将有所帮助。在这个意义上，此书不是融资宝典，不是信贷指南，更像是帮助大家爬上一个山头，山顶上肯定没有水，但是可以让人对山势和植被看得更清楚，知道朝哪个方向走更容易找到水。

是的，当我们埋头在沟壑中徘徊的时候我们看到的都是荆棘和障碍，但是当我们站到山顶，我们可以真切地看到远处的大河。我以游走于金融及科技之间近三十年练就的直觉真切地感觉到，伴随数字时代而来的，是一场深刻的金融革命。这场革命将改变我们周围的一切，改变我们的生活。事实上，我们已经听到了它的涛声、感受到了它扑面而来的潮润。疫情没有推迟它的到来，反而加速了它的推进。数字化的大潮，对有准备的人是机遇，对无准备的人则是危险。我希望此书能够为尚在困惑中的中小微企业家们、从事和关心中小微企业融资的金融同行们绘制一张脚下的地形图、一张制造筏舟的简易草图，以便走出谷地，在大潮来临时乘浪而去，奔向蓝海。而不是在沟壑中迷路或者在浪潮中沉没。

今天，我们正站在一个数字金融革命的转折点上，未来属于那些勇于创新、勇于拥抱数字时代的人们。

本书的内容结构如下图所示：

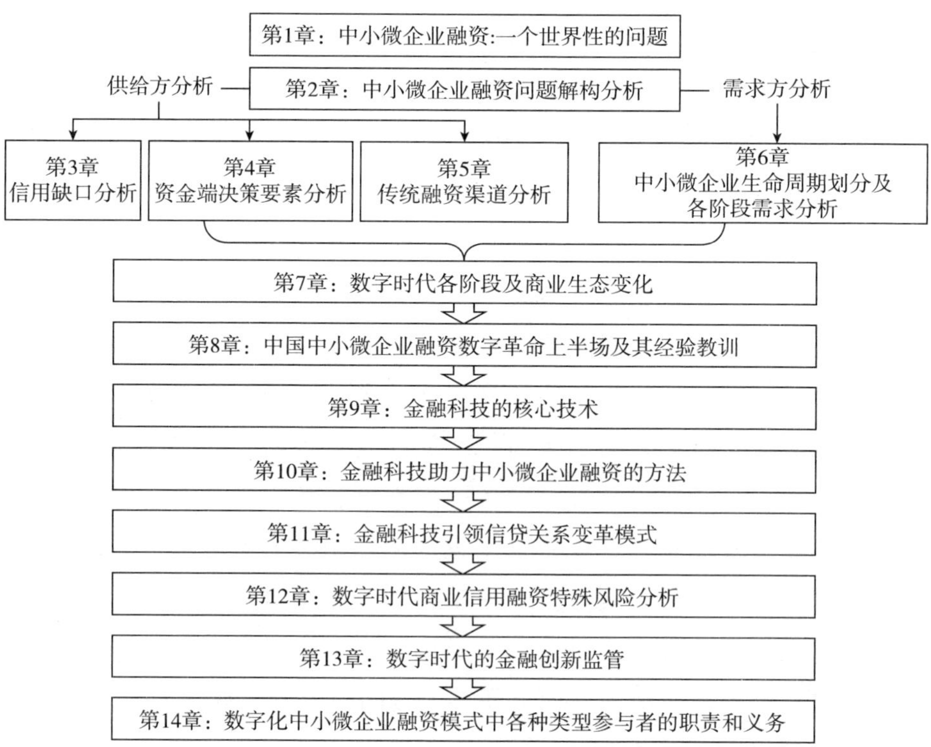

出于多年养成的研究习惯，问题的真实性、讨论的范围是下笔需要做的第一件事。本书的第 1 章从中小微企业的定义出发，简单论述了中小微企业融资问题的真实存在和研究这个问题的重要性。第 2 章借用了世界银行提出的一个信用供需模型，从经济学理论出发解构了中小微企业融资难、融资贵问题的实质，并从宏观上提出解决这个问题的正确方向。第 3 章通过国际相关机构的研究结果定量分析了全球中小微企业融资缺口，从国际视角分析了中小微企业融资难、融资贵的普遍性。第 4 章、第 5 章从供给方的角度讨论中小微企业融资问题。其中第 4 章从投资者的决策依据、风险偏好及中小微企业在投资者决策框架中的位置分析中小微企业融资难的问题。第 5 章则系统地梳理了传统金融系统中中小微企业可能的融资渠道。本书的第 6 章从需求侧展开讨论，从中小微企业的行业、规模、性质、成长周期分析了中小微企业的不同融资需求，并将这些需求和供给侧可能的渠道进行匹配，从而找出“融资难”这个普遍性的问题中最为突出的难点，即“难中之难”。本书从第 7 章开始深入地讨论数字化带来的影响及其解决中小微企业融资问题的各种可能模式。其中第 7 章主要聚焦数字革命带来的变化，划分了数字革命的三个不同阶段及其带来的价值体系和商业生态的重构。第 8 章主要回顾了数字时代融资变革上半场的经验教训——互联网驱动的新金融及其对中小微企业融资的影响。第 9 章、第 10 章阐述了数字时代中小微企业融资变革下半场的主要驱动力——金融科技“ABCD”（人工智能、区块链、云计算、大数据）以及以此为核心的金融科技在中小微企业融资中的主要落地领域和场景。第 11 章描述了金融科技和金融创新相互交融、数字生态深层次变化引爆新型产、融、销革命的可能性和爆发点。第 12 章主要讨论数字化带来的新的金融风险——互联性风险、数据风险和信息系统风险及其防控方法。创造数字时代的奇迹需要社会每一个阶层的参与。数字时代的中小微企业融资的前行，需要左脚和右脚交替、协同迈进。在这个意义上仅仅讨论科技带来的创新机遇是不全面的，创新必须和监管同行。因此，我们在第 13 章重点讨论了数字时代中小微企业融资创新的监管挑战及可能的新型工作模式。最后，第 14 章讨论了在数字金融革命下半场中公共部门、行业组织和中小微企业各自的作用和分工。

目　录

第5章 中小微企业传统融资渠道分析

第6章 中小微企业资金需求分析

第7章 数字时代中小微企业生态

第8章 融资数字革命上半场：互联网融资

第9章 金融科技的核心技术

第10章 金融科技助力中小微企业融资渠道扩容的具体路径

第11章 数字时代融资方式的创新

第12章 数字时代金融风险分析

第 13 章　数字时代的金融创新监管和金融监管创新

第 14 章　通向远方的路

附　录

这是一个最好的时代，这是一个最坏的时代；
这是一个智慧的年代，这是一个愚蠢的年代；
这是一个光明的季节，这是一个黑暗的季节；
这是希望之春，这是失望之冬；
人们面前应有尽有，人们面前一无所有；
人们正踏上天堂之路，人们正走向地狱之门。

——查尔斯·狄更斯《双城记》

第 1 章
中小微企业融资：一个世界性的问题

水之积也不厚，则其负大舟也无力。

——《庄子·逍遥游》

中小微企业在全球各经济体中都占据非常重要的地位。

在中国，中小微企业提供 80% 的就业岗位，70% 的创新，60% 以上的 GDP，50% 以上的税收。

但是，全球中小微企业都面临着一个共同的困难：融资。

要了解中小微企业融资难的问题，首先需要知道什么是中小微企业和为什么要研究中小微企业融资问题。

1.1　什么是中小微企业

我们每天都在和中小微企业打交道。我们的衣食住行，无一离得开中小微企业。如果您在读这本书，很有可能您自己就是一位中小微企业业主、管理人员或者是普通员工。

但是，如果需要给出一个正式的定义，事情就变得稍微有些复杂——理论上，中小微企业是一个多维度的概念，目前国际上对中小微企业没有统一的标准。不同的经济体、不同地区、不同统计口径对中小微企业的界定各有不同。例如，根据欧盟的定义，雇佣员工数量少于250 人，年营业额或者年度结转余额在 1 000 万欧元到 5 000 万欧元之间的为中型企业。雇员人数在 10 至 50 人，年营业额或结转余额在 200 万欧元至 1 000 万欧元之间的企业是小型企业，雇员少于 10 人，营收或结余少于 200 万欧元的为微型企业（见表 1.1）。

表 1.1　欧盟对中小微企业的界定

类别	雇员人数	营收、资产或者结余
中型企业	50 ～ 250	1 000 万欧元至 5 000 万欧元
小型企业	10 ～ 50	200 万欧元至 1 000 万欧元
微型企业	<10	<200 万欧元

数据来源：【1.1】European Commission（2005）。

世界银行对中小微企业的界定与欧盟类似，只是微型企业和小型企业的营收上限标准更低（见表 1.2）。

表 1.2 世界银行对中小微企业的界定

类别	雇员人数	营收、资产或者结余
中型企业	50 ～ 300	300 万美元至 1 500 万美元
小型企业	10 ～ 50	10 万美元至 300 万美元
微型企业	<10	<10 万美元

数据来源【1.2】Independent Group Evaluation（2008）。

中国中小微企业的定义经历过多次大的修改。目前采用的是 2017 年国家统计局发布的《统计上大中小微型企业划分办法（2017）》。这是一个分行业定义的标准，各行业的中小微企业根据各自的员工人数、营业收入和资产总额标准划分。例如，对于工业而言，职工人数在 300 人至 1 000 人之间，营收在 2 000 万元至 4 亿元之间的企业为中型企业，而零售业职工人数在 50 人至 300 人之间，营收在 500 万元至 2 亿元之间就被划分为中型企业。建筑业由于人员变动较大，企业划分则仅仅考虑营收和总资产（见表 1.3）。

表 1.3 中国部分行业中小微企业划分标准

行业	指标	中型企业	小型企业	微型企业
工业	从业人员（X）人	300 ≤ X < 1 000	20 ≤ X < 300	X<20
	营业收入（Y）万元	2 000 ≤ Y < 40 000	300 ≤ Y < 2 000	Y<300
零售业	从业人员（X）人	50 ≤ X < 300	10 ≤ X < 50	X<10
	营业收入（Y）万元	500 ≤ Y < 20 000	100 ≤ Y < 500	Y<100
餐饮业	从业人员（X）人	100 ≤ X < 300	10 ≤ X < 100	X<10
	营业收入（Y）万元	2 000 ≤ Y < 10 000	100 ≤ Y < 2 000	Y<100
建筑业	营业收入（Y）万元	6 000 ≤ Y < 80 000	300 ≤ Y < 6 000	Y<300
	资产总额（Z）万元	5 000 ≤ Z < 80 000	300 ≤ Z < 5 000	Z<300

数据来源：【1.3】国家统计局《统计上大中小微型企业划分办法（2017）》。

对比世界银行划分的标准，我国定义的中型、小型和微型企业的营收规模有的行业差别不显著，但有的行业比世界银行标准高出很多。

1.2　中小微企业的重要性

中小微企业有多重要？那些街角的餐馆，网店的店主，那些刚出学校不久，在手机上开发一款 App 的年轻人小团队，那些做一个小商品、小零件的小工厂、小作坊听起来很难和支撑一个国家经济，驱动一个领域创新这么高大上的事情相关联。但是有人说过，中小微企业是一个国家经济发展的“引擎”，这话其实一点也不夸张。虽然与行业龙头或大型企业相比，每一个单一的中小微企业看上去是那么微不足道。但如果我们把全世界的中小微企业看作一个整体，这个群体的数量非常庞大。根据经济合作与发展组织（The Organisation for Economic Co-operation and Development，OECD）统计，欧美及澳大利亚等主要发达国家的企业总数中（除了德国以外）雇员人数在 250 人以下的中小企业占比高达 98% 以上，半数以上的国家中小微企业占比在 99% 以上（见图 1.1）。

在中国，这个比例就更高。按照中国的界定标准，截至 2018 年，中小微企业占全部市场主体的比重达到了 99.6%[1.4]，换句话说，在中国，每一千家企业中，有 996 家是中小微企业。

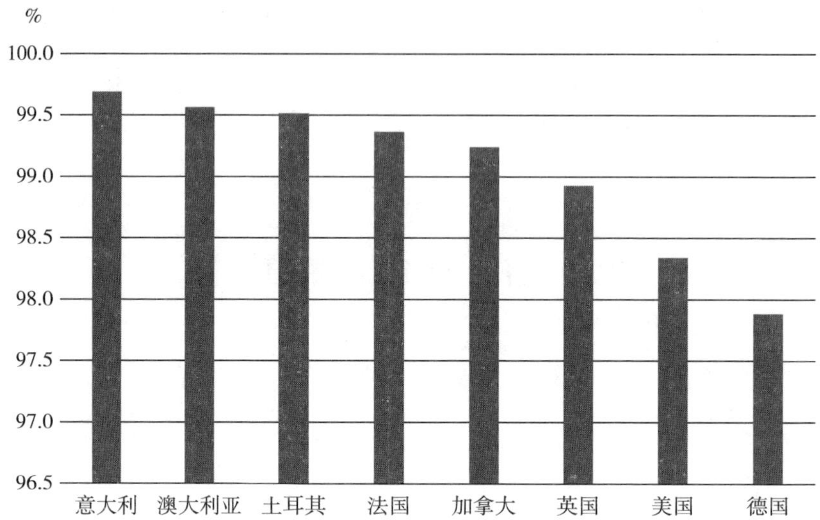

图 1.1　部分国家中小企业占比统计

（数据来源：OECD）

这样一个庞大的企业群体对经济发展的首要贡献就是提供就业机会。以 OECD 提供的数据（见图 1.2）为例，对于绝大多数国家而言，总员工数少于 250 人的企业提供了半数以上的就业机会，不少国家的这个比例甚至高于 70%。如果考虑到各个地区对中小企业界定的方法的差异，可以保守地估计，中小企业提供了全球三分之二以上的就业机会。根据中国的统计口径，中国中小微企业提供的就业岗位占所有岗位的 80% 左右，产出 60% 以上的 GDP，提供 50% 以上的税收。

中小微企业不仅数量庞大，是国民经济发展的中坚力量，而且最具创新活力。中小企业一般组织结构简单，决策半径非常短。因此它们对市场反应灵敏，能够迅速适应市场的变化，试错成本低，是经济体中最为活跃的成分。同时，以中小微企业为主形成的一个庞大的、多元的企业生态群创造了一个动态竞争环境，而正是这种竞争环境催生了各类创新。虽然和大型企业相比，普通中小企业的科研投入比例相对要小很多，但是大量的科技型中小微企业和初创企业往往是最接地气、最高效的创新者。随着经济全球化的不断深入，科学技术的不断进步，生产活动变得高度社会化、专业化，创新形式也由此变得更加开放和分散。在第四次产业革命的推动下，全球商品的生产、运输、销售模式正在发生深刻的变化，出现了大型企业和中小微企业互相依托，产业链和供应链更加细化、更加趋向社会化服务的局面。随着电商的兴起，需求变得个性化，销售变得碎片化。这些发展趋势恰恰是中小微企业的优势所在，也为中小微企业的发展创造了更加有利而广阔的空间。

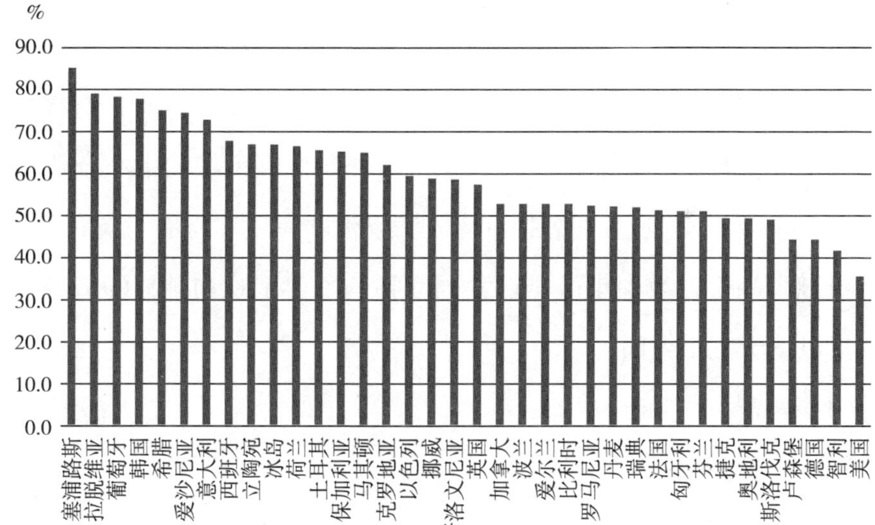

图 1.2　各国 2015 年中小企业（员工少于 250 人）

提供的就业岗位在总就业人数中的占比

（数据来源：OECD）

对中国而言，发展中小微企业的意义更加重大。中国目前正处在从早期投资主导转向消费主导的经济转型时期。中小微企业是消费和服务行业的主力，因此也自然成为下一次产业革命的创新主力。据统计，中国65%的发明专利和80%以上的新产品研发出自中小微企业之手，因此有中国中小微企业“五六七八”（50%税收，60%GDP，70%创新，80%就业）的说法。从这些数据来看，中小微企业的重要性不言而喻。

1.3 中小微企业面临的主要问题：融资

虽然中小微企业作为一个整体对社会的贡献非常大，但是从每一个个体的角度来看，它们又是弱势群体，面临各种不同的发展制约。多年来，由于中小微企业发展的重要性，很多国际组织都设立了专门扶植中小企业的部门或者专项计划（见附录Ⅰ），例如欧盟中小企业创新支持项目和世界银行中小企业部、国际经济合作与发展组织的中小企业专题研究等。世界银行发展研究中心[1.5]曾经做过一项非常有意义的研究。作者梳理了一份目前中小微企业共同面临的主要困难和挑战的清单，主要包括以下十五个方面：

（1）融资；

（2）土地使用；

（3）业务牌照或者从业许可；

（4）腐败造成的困难；

（5）犯罪率；

（6）进出口及贸易法规；

（7）电力；

（8）员工教育程度；

（9）政治稳定性；

（10）竞争环境；

（11）税收管理；

（12）税率；

（13）运输；

（14）信息及计算机技术；

（15）法律。

研究人员对全球 135 个国家中小微企业开展问卷调查，让参加调研的企业对这些问题在 2006—2014 年对各自企业发展的影响程度进行打分，并对问题的严重程度进行排序，调查统计的结果如图 1.3 所示。

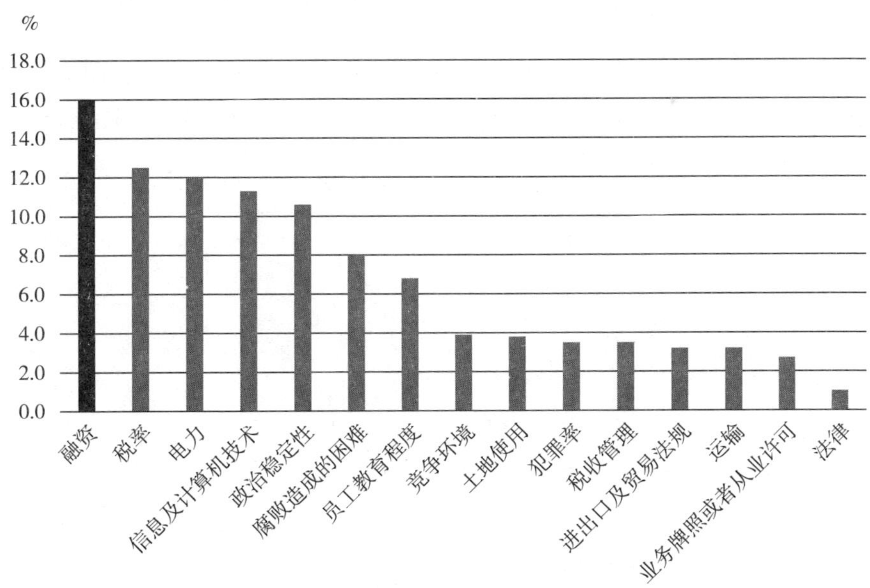

图 1.3　中小企微业发展中遇到的问题排名

（数据来源：世界银行 2017 年中小企业融资报告）

这项研究结果表明，困扰全球中小微企业最大的问题是融资。中小企业融资难是一个全球所有经济体共同面临的长期问题，也是各国政府、央行和研究机构需要长期关注的焦点。

对于每一个企业来说，融资是贯穿企业成长周期每一个阶段的刚性需求，是企业成长的必要条件。中小微企业的融资能力直接决定它的生存能力、创新能力和发展潜力，是至为关键的问题，同时也是最复杂、最难以解决的问题。2020 年新冠肺炎疫情在世界范围内大流行，除了夺走很多生命之外，最大的次生灾害就是其对中小微企业的致命打击。当年初疫情在武汉地区暴发，全国上下为控制疫情实行严格人员流动限制和物理隔离，中小微企业面临复工复产难题；当疫情在中国得到控制，而疫情在全球大暴发初期，外向型中小微企业又面临撤单多、订单少、复工难的复产困境。疫情加重了已经抬头的民粹主义、贸易保护主义，全球供应链格局重组成为事实。在这样的大环境下，中国中小微企业的生存和发展所面临的挑战更复杂、更持久。因此，我们研究中国中小微企业融资问题，寻找可行的解决办法，意义更加重大深远。

第 2 章 中小企业融资难、融资贵问题分析——一个简单的模型

我们必须记得，我们所观测的不是自然的本身，而是由我们用来探索问题的方法所揭示的自然。

——【德】海森伯

从经济学最基础的供需模型出发，中小微企业融资难、融资贵是一个市场化经济的客观现象。其根本原因是其信用成本过高。强制性限定中小微企业信贷供给量或者限定利率上限都不是解决问题的长远方法。数字化和金融科技创新有可能大幅度降低信用成本，从根本上改善中小微企业融资难、融资贵的问题。

中小微企业融资困难主要有两个不同的表现形式：融资难和融资贵。而这两者又是相互关联的，是同一个硬币的两个面。在完全市场化的环境下，它们之间的关系可以用经济学中最基础的一个模型来描述——供给和需求模型。

2.1　供给和需求模型

供给和需求模型是微观经济学的入门概念之一。有人曾经开玩笑说过："教会一只鹦鹉说供给和需求，它就可以成为一位经济学家。"可见这个概念在经济学的核心基础地位。

供给和需求模型

供给和需求模型的作用是决定市场的均衡价格和均衡产量。在不存在垄断的情况下，需求或者供给价格分别跟消费者的需求量和生产者的供给量挂钩，形成市场两种力量从而决定价格和产量的均衡。供给和需求模型可以用图 2.1 直观地表达成为两条曲线：供给曲线和需求曲线。这个很多人非常熟悉的图例常常出现在经济学最基础的课本上。图中横轴为产品（或者服务）的量，纵轴为产品（或者服务）的价格。左边的需求曲线是一条斜率为负的曲线，意味着如果其他因素保持不变，产品价格的降低会带来需求量的增加，反之亦然。右边的供给曲线则相反，假设其他因素不变，产品的价格上升时，会刺激供给量的增加，反之亦然。这两条曲线的交点被称为均衡点，与均衡点相对应的价格和数量代表市场上供给方和需求方能够达成交易的物品数量和价格。

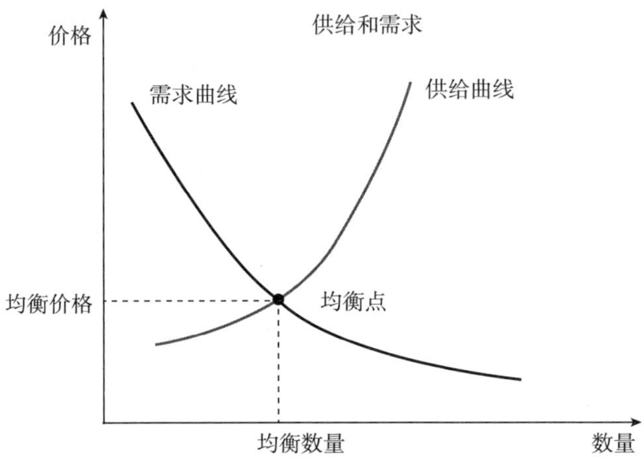

图 2.1 供给曲线和需求曲线

2.2 中小微企业融资的供给需求模型

1989 年，世界银行的经济学家们在讨论金融系统在发展中国家的作用时，将供给需求模型运用到了信贷领域[2.1]。在这个信贷供求模型中，需求曲线代表融资需求方单位时间资金需求量及借贷利率之间的关系，供给曲线则代表出借方的信用供给量及借贷回报利率之间的关系。亚洲开发银行（Asia Development Bank）东亚部的尼·费南多（Nimal A.Fernando）先生 2006 年在讨论小额贷款（Micro credit）时再次使用了这个模型[2.2]。当然，在现实中，信用的供给和需求关系要远远比上面讨论的这个模型复杂得多。很多非理想市场经济因素会影响这个供需模型的应用。特别是在中国这个独特的经济环境中，信用的供需关系会变得更加复杂。但是信用供需关系模型为我们深入讨论中小微企业融资困难的原因和解决这些困难的方法提供了一个简单、清晰的框架，因此本书将借助这个模型来展开关于中小微企业融资的讨论。

信贷的供给需求模型可以用图 2.2 表示。

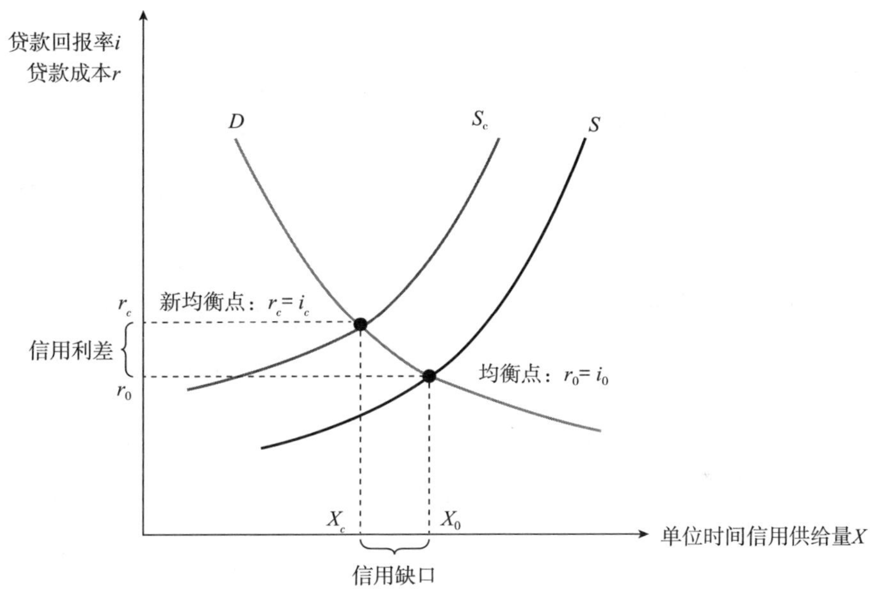

图 2.2　信贷供给需求模型

图 2.2 中需求曲线 D 代表中小微企业贷款利率 i 和资金需求量 X 之间的关系，从图 2.2 中可以看出，在完全市场化的前提下，贷款利率降低时，贷款的需求量会相应增大，反之亦然。曲线 S 代表一般情况下信用供给量 X 和出借方资金回报率 r 之间的关系。同样地，在其他条件不变的前提下，回报率的提高将吸引更多的资金投入，使信用供给量的增加，反之亦然。

当需要考虑中小微企业融资特有的信贷成本时，根据信贷供求模型，供给曲线将会发生改变。从事与中小微企业融资相关的业务人员都知道，中小微企业信贷业务的成本要远远高于大型企业或者是金融机构间的信贷成本。这个成本的来源我们将会在下一节中详细讨论。在这种情况下出借方需要提高回报率来保证不亏本。如果出借方普通信贷均衡回报率为 r，而中小微企业信贷成本增量为 Δr 的话，出借方需要把回报率提高到 $r_c=r+\Delta r$ 才能做到收支相抵。在其他因素保持不变的情况下，中小微企业附加信贷成本的存在导致了供给曲线向左上方的平移，构成了新的供给曲线 S_c。曲线 S_c 和需求曲线的交点 $r_c=i_c$ 代表了在考虑成本情况下的新的均衡点。如果在低成本情况下的市场均衡需求量不变的话，在考虑到信贷成本之后就会出现两个问题：（1）供给方所能提供的信用供给量少于需求方的实际需求，我们把这个量的差别（X_c-X_0）称为融资缺口或者信贷缺口。（2）供给方在考虑了中小微企业信贷成本后的新的均衡回报率高于低成本情况下的贷款利率，也就是说在市场机制下如果需要考虑附加的信贷成本，那么实际可能成交的借贷利率将高于低成本情况下的借贷利率。在这一节里，我们把这个差别（i_c-i_0）暂时叫“成本利差”。这个利差的存在决定了中小微企业融资比其他融资要贵，而且不是每一个融资需求都会得到满足。这就是中小微企业“融资难”和“融资贵”的模型解释——信用需求缺口和“成本利差”。在市场化的环境中，融资难和融资贵两个问题很难用简单的政策手段来解决。这一点可以用图 2.3 来解释。图中点 1（X_c，i_c）为市场的供需均衡点。解决融资贵、融资难的问题意味着我们需要增加信用供给量，同时降低中小微企业的借贷利率，也就是说我们需要在需求曲线上寻找一个目标点 2（X^*，i^*），这个点满足 $X^* > X_c$，（信用供给量大于市场均衡供给量），$i^* < i_c$（中小企业融资利率低于该市场的均衡利率）。我们可以把 X^* 和 i^* 分别称为目标信贷量和目标利率。如果我们采用政策性方法要求资金提供方（银行）必须保证目标信贷量，这个方法在非常短时期内也许会有一定的效果，但是在其他条件保持不变的情况下，市场最终会根据自身的规律反弹，因为在市场化的环境中，银行或者资金方必须相应提高存款利率来吸引更多的资金，以满足这个新增的需求。同时为了补偿这部分新增成本，供给方需要提高出借利息。其结果就是市场供给方将大幅提高回报率到 r^*_c 才能达收支平衡（见图 2.3 中点 3）。也就是说，长远地看，限量的方法将会在市场机制下最终推高中小微融资成本。反过来说，如果我们为中小微企业融资制定利率上限为 i^*，那么市场可能提供的信用供给量将大幅萎缩成为 X^*_c（见图 2.3 中点 4）。也就是说，试图用设置强制性利率上限的方法解决融资贵的问题也将适得其反，因为长远地看，市场机制终归会导致信用资源萎缩，使中小微企业融资更难。世界银行在其 1989 年的报告中就曾经采用这个模型讨论了政策性利率上限对信用缺口的影响[2.1]。

亚洲开发银行（ADB）的尼・费南多（Nimal A.Fernando）[2.2]在采用这一模型讨论亚洲地区小额高利贷时，对政策性利率上限的作用做了更加详尽的阐述。研究人员调查了亚洲及太平洋地区小贷的情况后，指出虽然降低贷款利率将使小额贷款的需求方受益，但是采用制定政策性利率上限的手段不是降低利率的可行方法。报告分析了实行强制性利率上限可能导致的小额贷款供给方和需求方的短期及中长期的变化（见图 2.4 及图 2.5），从而得出结论，认为设定人为利率上限最终将导致信用供给量的进一步枯涸，因此反而会加大信用需求方获取贷款的困难。

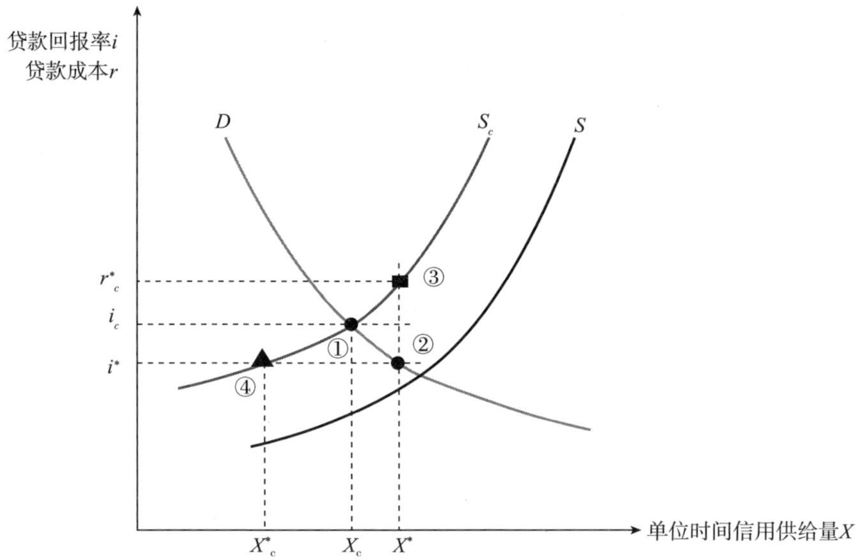

图 2.3　政策性限价和政策性贷款量要求在市场环境中的长期效果

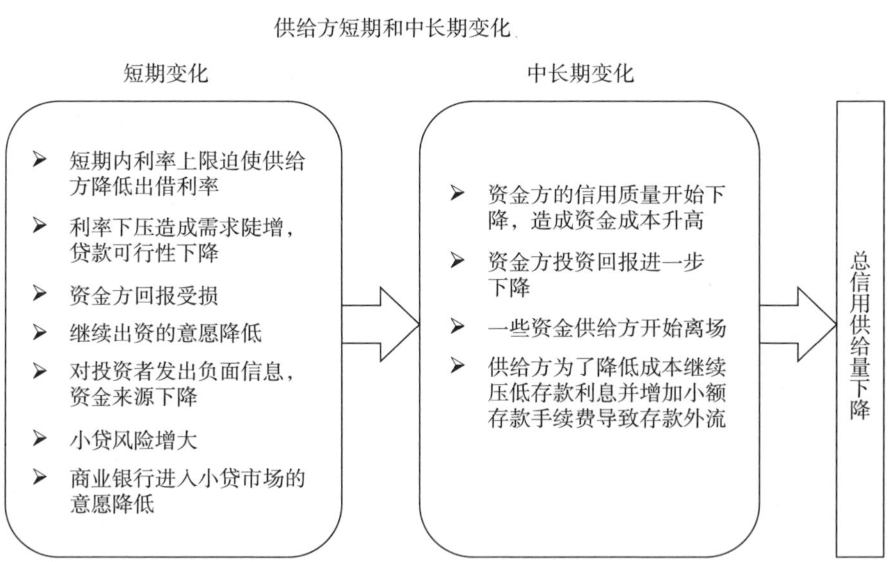

图 2.4　设定利率上限对信用供给方的影响及结果

（根据 ADB 2006 报告整理）

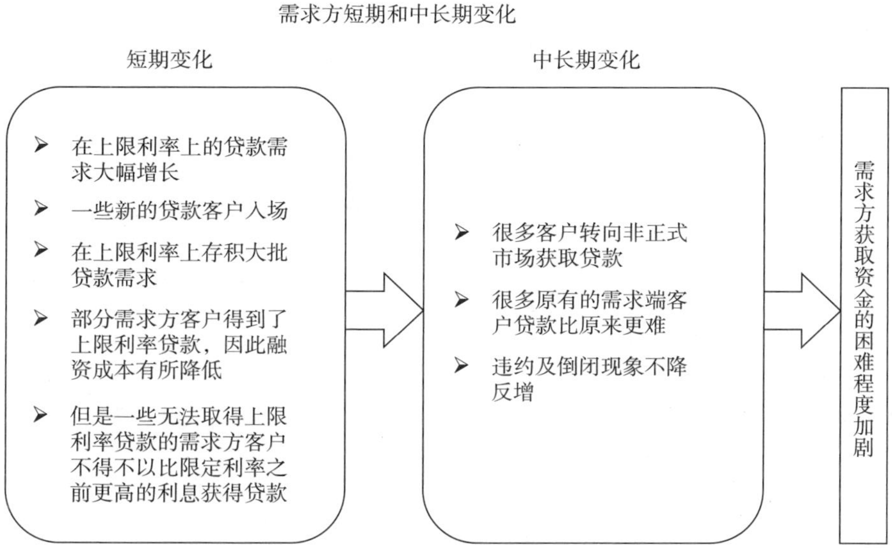

图 2.5　设定利率上限对信用需求方的影响及结果

（根据 ADB 2006 报告整理）

2.3　解决中小微企业融资难、融资贵的有效途径

那么，在尊重市场规律的前提下，什么才是解决中小微企业融资问题的正确途径呢？在图 2.3 的讨论中，我们在需求曲线上设定了一个目标点（X^*，i^*），代表中小微企业融资的合理信用供给量和可以接受的贷款利率。用市场化的方式达到这个目的，意味着我们需要寻求一条供给曲线 S^*，使得供需两条曲线在这个点上相交，实现市场供需均衡（见图 2.6 点 2），而不是像图 2.3 采用非市场化的手段限定信用投入量或者利率上限。

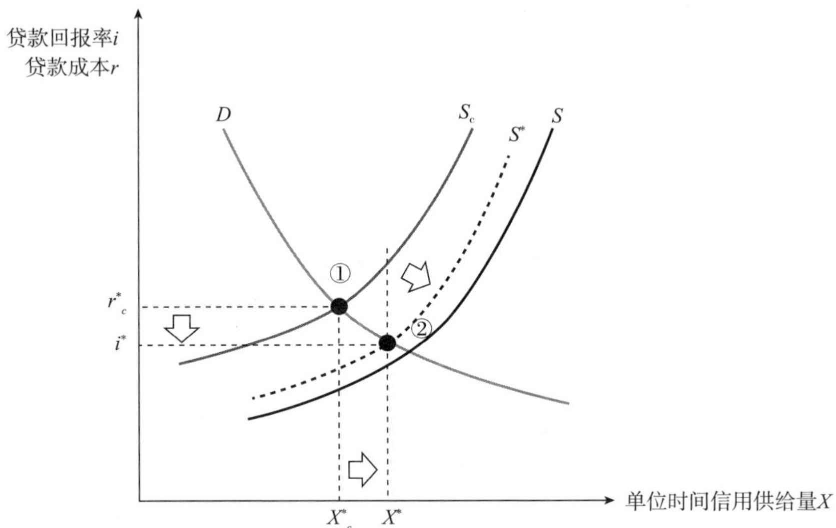

图 2.6　用市场化方式解决中小微企业融资难、融资贵的方式

换句话说，我们需要使当前的供给曲线 S_c 有效地向右下方平行移动到 S^* 的位置。

在上两节的讨论中我们指出过，在信用供需模型中导致供给曲线平移的基本原因是信贷成本。为什么中小微企业融资的信贷成本会高呢？其主要原因有两个：

（1）风险成本高。中小微企业融资是一个高风险业务。供给方的风险成本来自两个方面：一方面是为对冲违约风险所需要的资金储备相对较高。我们在后面的讨论中可以看到，中小微企业是违约概率最高的一个群体。同时，中小微企业贷款一旦发生违约，供给方的资金回收率又是最低的。所以，相对于大型企业或者银行间的拆借，供给方需要增加一定的资金储备以对冲由于中小微企业违约造成的损失。在市场化的机制下，这个资金储备只能通过提高出借利率的方法来获取。另一方面是风险管理的成本。中小微企业信贷风控，无论是从信用评估、资料收集验证还是从风险缓释、对冲工具（例如抵押品等）的管理、经营都需要耗费极大的人力、资金和物力，推高风控成本。

（2）操作成本。中小微企业融资有“碎”“频”“杂”几个特点。碎指的是中小微企业信贷金额一般都很小，和大型企业动辄上亿元的融资需求相比，中小微企业的信贷金额一般都在几十万元量级。而且这些贷款通常期限都相对短而且需求频繁，同时信贷的种类、期限、条件、抵押品等非常复杂，很难标准化。这就决定了为完成同等数额的融资，中小微企业信贷需要的人工成本通常数倍甚至数十倍于大额、标准、长期的信贷业务。

因此，我们可以这样认为：解决中小微企业融资难、融资贵问题，最核心的是需要降低融资成本，包括风险成本和操作成本。

2.4　数字时代带来的新契机

中小微企业融资成本高的两个重要因素，风险成本和操作成本都是现实存在的“刚性”问题，很难用常规的方法解决。然而，数字时代的到来却带来了新的契机。数字化转型，是我们正在经历的一场大的变革。它给各行各业都将带来巨大的改变。作为金融服务的一个重要部分——中小微企业融资当然也不会置身其外。恰恰相反，数字时代的到来，为我们用市场化的手段解决中小微企业融资难、融资贵的问题提供了一条有效路径。

为了讨论方便，我们将相关数字化转型分为三个阶段：

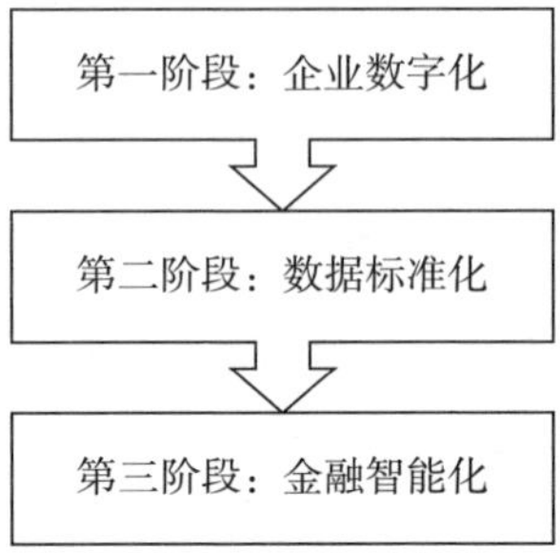

图 2.7　金融数字化转型的三个阶段

下面我们将分别分析这三个数字化转型阶段给中小微企业融资带来的影响。

企业数字化：企业数字化包括两个方面，金融机构自身的数字化和中小微企业的数字化。首先，金融机构的数字化转型将大幅提高操作效率。信贷流程的线上化及金融单证的电子化、数字化将逐步取代金融服务很多环节上的人工操作，从而降低中小企业融资的信贷成本。中小微企业本身的数字化也将推动降低融资的操作成本和风险管控成本。随着行业间数据的日益联通，利用科技手段采集数据和分析数据成为可能，这将大幅提高小微企业的风险的透明性，提高供给方决策精准度，有效节约违约风险准备资金。同时风控流程的自动化又能有效降低风险管控成本。

数据标准化：数据标准化是提高中小微企业融资效率的关键一环。随着数据标准化的发展，金融机构处理一笔大额信贷业务和批量处理成百上千笔细碎的小额信贷业务所需要花费的成本差别将越来越小。而正如上一节所讨论的，有效地降低融资操作成本是通过市场化手段解决中小微企业融资难、融资贵的关键步骤之一。

金融智能化：金融智能化是解决中小微企业融资难的最后一步：降低中小微企业融资的风险成本。区块链的出现，分布式账本在行业间的广泛使用将进一步优化信贷流程，杜绝欺诈及操作风险。大数据、人工智能在信用风险分析方面的广泛运用将大幅提高中小微企业风险的透明性，大幅降低供给方风险控制的成本。更为重要的是，数字化带来的联通性、标准性和智能处理能力将重构商业生态，因此推动信贷关系的重构，产生新型的信用风险缓释、对冲、管理手段，大幅降低供给方的风险成本。

综上所述，数字时代的到来，为我们构建一套新型的供给曲线，用市场化的手段彻底解决中小微企业融资难、融资贵提供了一条可行的路径。

第 3 章

中小微企业融资有多难？信用资源的缺口分析

欲致鱼者先通水，欲致鸟者先树木。

——汉·刘安《淮南子·说山训》

中小微企业融资有多难？首先需要关心的是可提供给中小微企业的信用资源有多少？或者说这个资源的缺口有多大？全球中小微企业信用缺口比例在 61% 以上，新冠肺炎疫情后特别是低收入国家这个缺口还会更大。中国中小微企业信用资源匮乏问题也十分严峻。

中小微企业融资到底有多难？这个问题可以从两个方面去看。第一，可供中小微企业使用的资金有多少？第二，中小微企业获取这些资金的渠道是否存在并且通畅。换句话说，如果把资金比作一个水池的话，我们关心的问题是：池中有多少水？这些水通过什么方法可以浇灌到中小微企业这块田里？

在中国金融体系中，最大的水源当然是银行。在一个市场化的环境中，银行提供给一个企业的贷款可以用银行对企业的授信来衡量。换句话说，企业是否可以贷到款？用什么利息贷到款？这两个问题的答案和银行愿意承担的信用风险直接相关。什么是信用风险呢？信用（Credit）英语的直译是"现在买，将来支付"，这个词的拉丁词根 credo 是信任的意思。很明显，这是和借贷直接相关的一个概念。一个人要把一笔资金借给别人时，首先想到的是：这笔钱还能不能在我需要的时候要得回来？其次会考虑需要收多少利息才合算？钱还能不能要回来，涉及借款的人是否具有还款的能力和还款的意愿。如果说还款的意愿问题可以通过法律合同和违约以后财产清算合约加以控制的话，还款能力则和借款人的经济实力相关。信用风险就是由于借款方违约导致出借方蒙受损失的概率。所以，在银行系统这个大水库中留给中小微企业有多少水可用，用金融界的话来说，就是中小微企业的信用资源多寡的问题。

池中有了水，还需要考虑通过什么方法把水引到田中。因此影响中小微企业融资的另一个重要因素是融资渠道的完善和通畅程度。信用资源和融资渠道这两个因素同时又相互依托，相互关联。如果仅有畅通的渠道而没有充裕的信用资源，解决中小微企业融资难则是一句空话，而如果仅有充裕的信用资源，而没有与之匹配的融资手段和渠道，资金只会在金融机构中空转，不可能到达资金的需求方——中小微企业的手中。

3.1 全球中小企业信用融资缺口分析

非常不幸的是，在信用资源这片丛林里，中小微企业是绝对的弱势群体。一方面，资金需求贯穿中小微企业发展的整个生命周期，与中小微企业的生命攸关，但同时中小微企业又是市场经济中最难融资的群体。放眼世界，全球各个经济体中中小微企业供水池中是否有足够的水？回答是否定的。这一点早已成为共识。全球中小微企业信用资源缺口有多大？从2010年起，美国国际金融组织（IFC）联合麦肯锡、世界银行和一些其他的金融机构每年都对中小微企业的信用缺口进行估算。根据IFC的报告[3.1]，2014年全球中小企业有3.5万亿美元（包括正式和非正式渠道）的信用融资需求余额未能得到满足，占总需求的30%左右。至2017年底，这个缺口比例扩大到了61%以上：全球6 500多万家中小企业中每年有5.2万亿美元的融资需求得不到满足。全球中小企业的总信用融资需求在8.9万亿美元左右，而能够提供给中小企业的信用融资额度仅仅为3.7万亿美元。根据不完全统计，2020年这个缺口达到了5万亿美元。全球中小企业信用融资缺口近年来还在不断地扩大是不争的事实，如果考虑到微型企业的信用更差，融资因此更难，整个中小微企业融资的困境显然比以上IFC统计的数字更为严峻。

3.2 中小企业信用受限情况

根据IFC的统计，全球发展中国家共有1.6亿家中小微企业（MSME），其中 1.4 亿家为微型企业（雇员人数少于 10 人），2 100 万家为中小企业（雇员人数在 10~250 人）。在研究这些中小微企业时，IFC 把中小企业分为三类：第一类为信用完全受限企业（Fully credit-constrained，FCC）。这类企业有信贷需求，但很难获得融资。它们向银行申请贷款时要么遭到拒绝，要么由于贷款条件过于苛刻（利率、抵押品、贷款规模或者期限）而无法接受。第二类企业为信用部分受限企业（Partially credit-constrained，PCC），这部分企业有少量的外部融资，但是很少向正式的金融机构（例如商业银行）提出贷款申请，或者贷款申请部分被拒。第三类企业为信用未受限企业（Non-credit-constrained，NCC），这类企业可以获得信用贷款，或者不需要贷款。根据这个分类，IFC 对全球一百多个国家的中小微企业进行了统计，结果如图 3.1 所示。

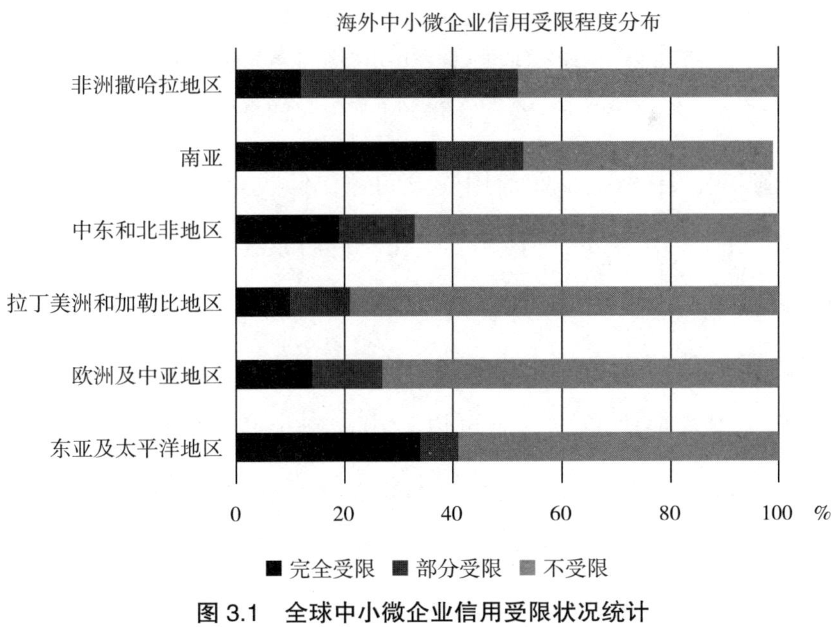

图 3.1　全球中小微企业信用受限状况统计

（数据来源：IFC2017 年中小微企业融资状况报告）

从地域上看，南亚、东南亚及非洲撒哈拉周边地区中小微企业信用受限问题比较突出，拉丁美洲、欧洲和中亚地区情况相对缓和。IFC 分析的另外一个维度是国家的发达程度，或者说国民的收入水平。把全球的国家划分为高收入、中高收入、中低收入和低收入四个等级，中小微企业在这些国家中的信用受限程度可以用图 3.2 表示。

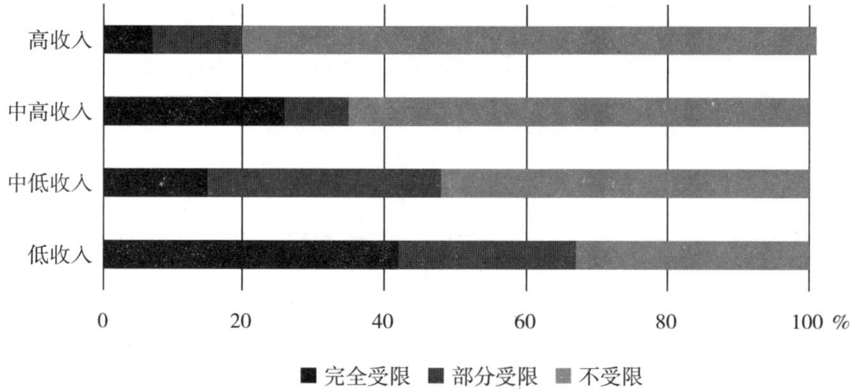

图 3.2 全球不同收入国家中小微企业信用受限状态

（数据来源：IFC2017 年中小微企业融资状况报告）

数据表明，中小微企业信用受限问题在低收入和中低收入的国家中最为突出，50%~70% 的中小微企业在不同程度上信用受限，尤其在低收入国家，40% 以上的中小微企业完全没有信用融资的可能。而在高收入国家，仅有 20% 左右的中小微企业在不同程度上存在信用融资困难。

我们从 IFC 提供的数据中可以看出，中小微企业信用融资的困难是一个全球性的问题，只是在地域上和国家收入水平上程度有所不同而已。收入水平较高的国家，资金相对充裕，水涨船高，中小微企业能够获得的信用资源就会高一些。而且在低收入水平的国家，资金本就匮乏，能留给中小企业的信用资源自然就更少了，因此大半数的中小微企业在这些国家里很难获取贷款。

3.3　中国中小企业信用融资现状

和世界上大多数国家一样，中国中小微企业信用资源缺口也十分巨大。据世界银行 2018 年发布的《中小微企业融资缺口：对新兴市场微型、小型和中型企业融资不足与机遇的评估》数据显示，我国小微企业潜在融资需求达 4.4 万亿美元，融资供给仅 2.5 万亿美元，潜在缺口高达 1.9 万亿美元，缺口比重高达 43%。根据我国的中小微企业界定标准，截至 2018 年末，全国中小企业超过了 3 900 万户，微型企业超过 7 000 万户（其中微型企业实际上包含了个体户和农村合作社），全国的中小微企业市场主体总量达到了近 1.1 亿，数量巨大。但是根据银保监会 2018 年 5 月 3 日发布数据显示，截至 2018 年第一季度末，全国小微企业（含个体工商户）中，仅 1 545 万户小微企业获得贷款，获贷比例不足 20%。不难看出，我国小微企业获得的银行信用贷款数额非常有限。

3.4　新冠肺炎疫情带来的变局和影响

新冠肺炎疫情全球大流行，给世界经济造成了巨大影响。受全球新冠肺炎疫情（以下简称疫情），经济衰退和国内经济周期性结构调整叠加的影响，中小微企业“经营难、融资难”问题进一步加剧。

2020 年 3 月以后，全国各地企业逐渐开始复工。复工初期，中小企业普遍面临三个方面的困难：复工复产困难、现金流压力和产业链、供应链难以协同。其中由于交通、人员、物资等造成的复工复产困难在各地政府出台的大量扶持政策的作用下，在疫情逐渐好转的大形势下正在逐步被克服。而中小企业资金紧张问题虽然在各地出台的应急性资金措施，例如租金补贴、用工补贴和缓缴、免交各类税费等的扶助下，有不同程度的改善，但是仍然面临十分严峻的考验。自 2020 年 3 月中下旬后欧美相继成为疫情“震中”后，疫情对中小企业的冲击加剧。由于收入预期下降，消费市场萎缩，很多企业被迫转型，这又需要加大投资，使原来的融资缺口进一步加大。另外，由于经济下行压力加大，资金端避险情绪上升，处于险境中的中小企业成为收缩投资的首要目标，中小企业融资变得难上加难。目前，随着各国疫苗注射的迅速普及，疫情有望在不久的将来成为历史，但是疫情给世界经济、地缘政治和中小微企业带来的巨大影响不会轻易消失，有的甚至是永久性的。

第4章

中小微企业为什么融资难？请戴上资金出借者的眼镜

借芦苇的摆动我们才认识风，但风还是比芦苇更重要。

——纪德

中小微企业融资困难有其背后深刻的结构性原因。是一个市场经济的必然现象。作为信用资源的供给方，银行及其他资金提供方需要考虑自身的风险成本。定量地分析，构成供给方风险的主要成分是违约概率和违约资金回收率。中小微企业的这两个参量恰恰都是最高的。

在市场经济的丛林中，千万不能把资金方想象成“人傻钱多”，其中绝大部分，尤其是金融机构，都是理性投资人。在经济下行压力增大，全球不确定性大幅上升的今天，投资收益固然重要，但资金的安全才是投资人考虑的第一要素。要了解为什么中小企业融资难，首先需要了解出借方的决策机制。随着市场化的逐步深入、成熟，机构逐渐成为金融市场的主导。它们多半是具备强大的市场研究力量、具有经过专门训练的专业人员。而对金融相对不熟悉的中小微企业希望从他们手中融资，在某种意义上绝非易事。那么，以银行为主的资金方是怎样决定是否对一家中小微企业贷款，如果不愿意放贷，那么主要的原因又是什么呢？

信用供给方的眼镜其实很简单，就是风险底线。我们不妨站在他们的角度看一看这个问题。

如果我们去问一个称职的商业银行家，他是怎么判断信贷风险的？他一定会给出一个公式：

$$EL=PD\times LGD\times EAD \tag{式 4.1}$$

这个公式是银行计算贷款信用风险的简单算法，EL（Expected Loss）指的是银行的预期损失；

PD（Probability of Default）指的是企业违约概率；

LGD（Loss Given Default）指的是银行企业违约净损失，它等于 1 减去破产回收率（Recovery Rate，RR），破产回收率指的是企业破产清算时银行可以回收的资产占银行对这家企业全部投资的比率。

EAD（Exposure at the Default）为企业违约时银行的风险敞口，或者说在违约发生时银行对这家企业的贷款总额。

这个公式其实非常简单，如果我们把它重写一下，就会更清楚：银行放贷意愿。

$$银行贷款总额=\frac{银行的坏账额度}{企业倒闭的可能性\times(1-破产清算可回收资产)} \quad （式 4.2）$$

这里，我们用 EAD（银行对某家企业违约风险总敞口）来近似银行对该企业的贷款意愿最大值。通过这个重新写过的公式，我们可以看到，决定银行对企业贷款的主要参数是企业倒闭的概率和破产清算可回收资产比率。银行可以容忍的坏账额度取决于银行的风险偏好，它可以是一个非常小的常数，但是如果企业倒闭的可能性非常小，接近 0，或者企业倒闭后银行的资产回收率接近 100%，那么银行可能承受的风险敞口就会很大。这一点我们可以用一个实例来说明：假设银行对一家企业可以容忍的损失（坏账）额度是 1 000 元。我们先假设企业破产时银行可以回收的资产为投资的 40%，在这个条件下，如果企业仅有千分之一的概率破产，那么银行可以容忍的敞口，也就是银行可能的最大贷款额度是 166.7 万元。但是如果企业有 50% 的概率可能违约，那么银行放贷的额度将降至 3 000 元。但是如果在这个条件下（坏账额度 =1 000 元，企业破产概率 =50%），我们把银行的资产回收率从 40% 提高到 90%，银行贷款意愿最大值将从 3 000 元提高到 20 000 万元。

同样地，这个公式也可以放在其他信贷投资者身上。投资者主要关心的也是这两个问题：第一，企业违约的可能性有多大？第二，如果发生企业违约破产，那么可能收回来的投资有多少？下面我们来看贷款资金方对这两个问题的分析方法。

4.1　企业违约破产概率分析

首先让我们分析第一个问题：企业违约破产的可能性有多大?

每一个违约破产的企业都有自己独特的一系列原因和理由，而多数尚未违约的企业也许都认为自己永远不会违约。但是这些都不重要，我们关心的是资金方是怎样分析千千万万尚未违约企业的违约概率的。企业违约和很多因素有关。一般情况下，首先是与企业所处的行业经济环境有关，其中包括政策和法律监管环境的变化。其次，企业的违约风险与自身的战略布局、管理方式、财务状态、盈利能力、核心人员素质和能力有关。企业面对的贷款资金方，无论是商业银行、基金或者是资本市场投资者一般都有非常系统的定量方法对企业进行评估，并根据这些评估结果决定是否对企业投资、投资的规模、价格等。国际上有相对成熟的理论及定量和半定量的研究方法从投资的角度评估企业的信用违约风险。研究企业违约概率最直观的量化模型是国际上著名评级公司穆迪的 KMV 模型。该模型的原型是诺贝尔经济学奖获得者默顿（Merton）1974 年首先提出来的[4.1]。1973 年，布莱克—斯科尔斯（Black - Scholes）发表了著名期权定价模型公式。这个后来在金融量化分析领域产生过巨大影响的公式第一次用数学揭示了企业违约破产和股票价格变化以及市场利率、波动性之间的关系。这个公式成为后来量化定价和量化风险分析的奠基石。默顿减弱了该公式所依赖的假设条件，并成功地将其推广到许多方面，因此获得 1997 年诺贝尔经济学奖。默顿其中的一个推广就是把布莱克—斯科尔斯公式用到了公司信用债的定价上。在 1974 年发表的文章中，默顿首次用数学模型把一个公司的信用状况和它的财务状况、经营状况联系到了一起。一个高度简化的默顿的模型可以用图 4.1 来表示。

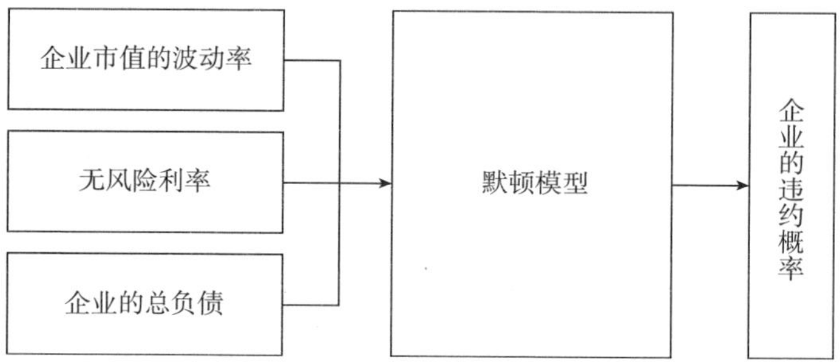

图 4.1　默顿模型简化示意

默顿首先定义了企业在未来某一个时期统计意义上的期望价值。举个例子，如果某企业准备在三个月后出售，那么三个月以后这个企业在市场上值多少钱？根据默顿的模型，企业三个月后的市价和两个因素有关，一个是当下的估值再加上一个确定性的增长，这个增长和无风险利率成正比（这是金融里常用到的时间价值）。另一个因素是企业市值的波动性。默顿接着又假设了企业倒闭的条件，认为如果企业的总负债高于企业的总价值（资不抵债），企业就会倒闭。通过输入这三个参量，默顿模型给出企业违约破产的概率。从默顿模型的参数可以看出，无风险利率反映了企业所处的经济环境，企业市值的波动性及企业总负债与企业经营状态及财务状态相关。

默顿的模型在信用风险分析中得到了广泛的运用。KMV 模型是默顿模型的一个成功的实践范例。KMV 模型在理论上与默顿模型没有实质性的变化，所不同的是在具体实施和数据的运用上做了很多改进。KMV 是一家专业从事信用分析的公司，1989 年成立于旧金山。2002 年，KMV 被穆迪收购。目前穆迪 KMV 在利用穆迪相对完善的企业数据库的基础上，使用 KMV 模型为上市公司和私人公司提供破产概率的估算。KMV 的简化示意图如图 4.2 所示（如果读者有兴趣，默顿模型和 KMV 模型的数学描述可以参照附录）。

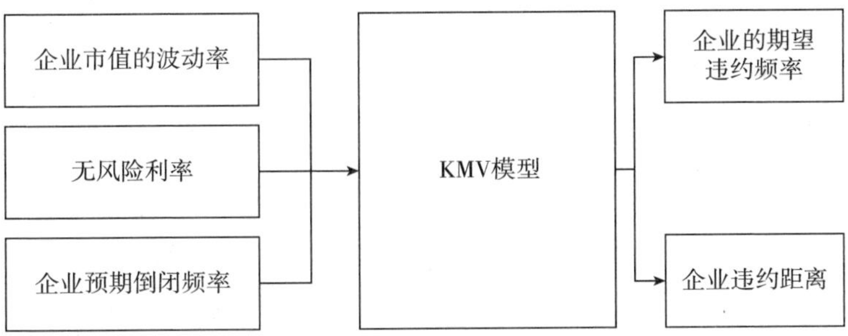

图 4.2　KMV 模型简化示意

从图 4.2 中可以看出来，KMV 模型主要对默顿模型作了以下几点修正。

1.KMV 模型认为，触发企业违约破产的临界点（企业违约点）不是总负债大于等于总价值，而是和企业的债务结构有关。通过观察大量已经倒闭的企业，KMV 公司发现企业的违约点和企业的债务结构有以下的关系：

企业违约点＝企业的短期债务＋企业的长期债务的二分之一

也就是说，当企业的总价值小于企业违约点时，企业将破产倒闭。这个修正根据企业的债务结构调低了企业的违约点，强化了长期债务对企业倒闭的作用。也就是说，一家企业如果所持的债务全部为长期债务的话，当总价值小于总资产一半的时候就有可能发生违约破产。

2.KMV 模型引入了另外一个重要概念，就是违约距离。KMV 模型不仅提供在修正了违约点之后企业的违约破产概率（在这里被重新定义为“期望违约频率”EDF），还输出另外一个参数：违约距离，用它来衡量企业违约的可能性。违约距离越大的企业，立刻违约破产的可能性就越小。

KMV 模型仅仅是投资机构用来评估企业违约概率破产的最简单的模型。但是从上面的讨论可以看出，投资人对企业的评估与企业经营状况、财务状况及企业所处的经济环境有很大的关系。

大部分的中小微企业没有达到可以在资本市场发行股票和债券的规模，因此要获得这些企业的财务数据及经营数据非常困难。金融机构通常通过定性分析对这类企业的违约风险进行评估，一般采取用对企业的各项指标人工打分的方法（也被称为打分卡方法）。随着科技手段的不断提高，这类打分方法逐渐被人工智能和大数据分析方法所取代。较常用的量化分析方法一般有两类：统计分析方法和智能分析方法。统计分析方法包括线性回归法（Linear Regression）、判别分析法（Discriminant Analysis）、概率单位分析（Probit Analysis）和逻辑回归法（Logistic Regression）等。这类方法一般采用统计分析手段对出现违约和尚未违约的企业的各类特征进行统计分析，从而对企业进行分类。智能分析方法则包括很多人工智能及大数据分析方法，例如神经网络、专家系统、机器学习等。智能分析依托这些企业从事商务活动时在各类电子平台留下的数字足迹以及其他可以采集到的相关海量数据，借助强大的计算能力（例如云计算）对这些数据进行分析，用对企业违约相关性最强的特征建立模型，从而预测企业违约的概率。读者如果对这类量化分析方法感兴趣，可以参见笔者 2019 年关于企业信用风险量化分析的几份研究报告[4.2][4.3]。

4.2　企业债务违约回收率分析

资金出借方关心的第二个问题是：如果发生企业违约，资产回收率有多大？举例说，如果到发生企业违约时为止，某个资金出借人一共投入了 100 元钱，那么企业发生违约后他（她）能够拿回多少钱？很显然，资金出借人能够拿回来的金额介于 0 到 100 元之间。我们在前一节中提到过，资金出借方预期能够回收的金额和投入的金额之比，叫作违约回收率（Recovery Rate，RR），出借方在违约发生时的总投入金额 100 元叫作“违约风险敞口”（Exposure at Default，EAD）。企业违约后资金的回收率和很多因素有关。

第一，违约回收率和当前的经济环境有关。很显然，在经济高速发展时期，企业违约的回收率将明显高于经济下行时期的企业违约回收率。在经济高速发展时期，违约企业有更多的机会被收购，其资产也可以通过拍卖、转让拿到更高的价钱。

第二，违约回收率与企业自身的经营状况及资产变现能力有关。例如，一家经营很好的企业由于自然灾害（例如火灾）或者一些无法控制的因素而违约，一般情况下它的违约回收率会高于一家长期经营不善而被市场淘汰的违约企业。企业的动产和不动产变现能力高的回收率高于企业资产很难在市场上变现。

第三，违约回收率与企业的债务结构及条款设置有关。在其他条件都相同的情况下，权益条款较优的债务回收率也就高。

第四，担保和增信安排。一般情况下，有担保或者有抵押品的债务回收率要高于无担保、无抵押债务。

金融界对回收率做过大量的研究。特别是各国银行监管当局普遍实行了巴塞尔协议Ⅱ①，提高了对银行流动性管理，其中信用风险敞口估算成为影响银行准备金数量和压力测试的重要因素之后，很多研究者加大了对回收率的关注。详细的信用风险模型以及与回收率相关的模型涉及很多数学知识，就不再此一一赘述。有兴趣的读者可以参考奥特曼等人对这个问题的文献综述[4.4]。在这篇文献里，奥特曼等人把信用风险分析模型分为两大类：定价型模型和风险价值模型（Value at Risk，风险价值模型）。其中定价模型又分为结构化模型和简化模型。前一节讨论过的KMV模型就是结构化模型中比较简单的一类。所有的信用风险模型都涉及企业违约概率和回收率的估算。多数的结构化模型中，这两个变量都依赖于一组共同因子，因此是反向关联的。早期的简化模型（Reduced-Form Model）和所有的风险价值模型普遍假设这两个因素相互独立。而相对近期的简化模型则更加关注这两个变量之间的关系，其中

① 《巴塞尔协议》是巴塞尔委员会制定的在全球范围内主要的银行资本和风险监管标准。巴塞尔委员会由来自13个国家的银行监管当局组成，是国际清算银行的四个常务委员会之一。由巴塞尔委员会公布的准则规定的资本要求被称为以风险为基础的资本要求。1988年7月，巴塞尔委员会颁布第一个准则文件，称“1988资本一致方针”，又称“巴塞尔协议Ⅰ”或“巴塞尔协议”。巴塞尔协议Ⅱ是建立在巴塞尔协议Ⅰ的基本架构上的修订。其中较为重要的一点是允许例如采用弹性的方式来计算信用及市场风险的资本需求，营运风险的规范，监督性的复查以及市场纪律。这些新的因素包含在“three pillars（三根支柱）”当中，并且提供银行加强化风险管理的激励。第一根支柱是显著地强化原本在巴塞尔协议Ⅰ中最低资本规范。其余的两根支柱是资本监督额外事项。目前国际性的银行正热切地希望采用巴塞尔协议Ⅱ，因为它提供了银行很大的弹性、能够大幅度地减少资本的需求。风险管理的技巧（例如分散风险，证券化以及作业流程的改善）可以显著地降低一个金融机构真正的风险量，而真正的风险量可以被巴塞尔协议Ⅱ的管理规范所接受。因此，对于某些金融机构来说，巴塞尔协议Ⅱ不是限制规定，而是获得竞争性优势的机会。

以弗莱耶[4.5][4.6]为代表的学者认为企业违约概率和违约回收率负相关。企业违约概率和回收率负相关的关系在企业债务存在资产抵押时更为直观，因为当企业违约时，作为抵押品的资产也将减值，而债权方，尤其是银行的债务资产回收率在很大程度上取决于抵押资产的价值。

从实践的意义上看，企业违约回收率的统计结论对债权人更具有指导意义。关于企业债务的违约率和回收率，著名评级公司穆迪有一个专项研究。穆迪作为评级公司，掌握着全球很多企业的债务、财务及违约状态的数据资源。他们针对全球债务、债项的违约和回收率趋势定期发布各种研究报告。穆迪 2017 年发布过一份专门针对历史上企业债务违约和回收状况的研究[4.7]，这项研究对 1920 年以来全球企业债务的违约情况做了统计分析。穆迪的这份报告还根据自身数据库中全球 1 700 多家违约企业的 5 000 多个违约债项的回收情况进行统计，图 4.3 是 1982—2016 年企业债务的总平均回收率。从图 4.3 中可以看出，在三次较大的经济衰退中，企业违约债务回收率都有非常明显的下降。

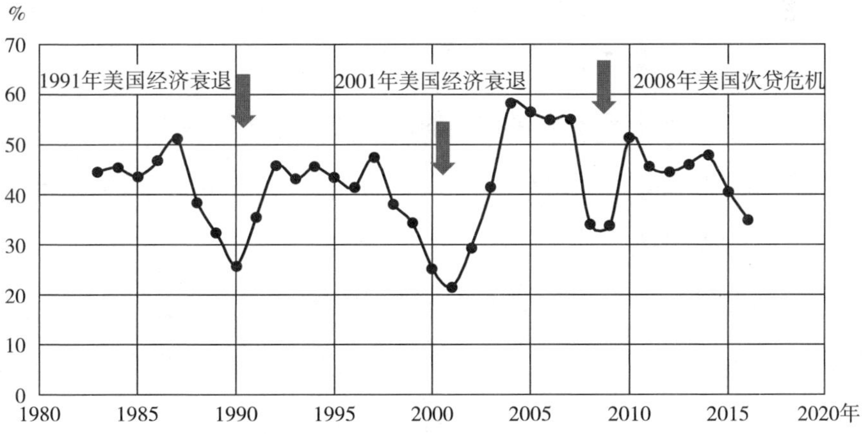

图 4.3　1982—2016 年全球企业违约债务平均回收率

（数据来源：穆迪 2017 年企业违约分析报告）

同样，投资者权益优先级在债务违约之后对回收率的影响也很大。我们把穆迪发布的1982—2016年以来企业不同债务优先级对违约之后回收率的影响整理如图4.4所示。

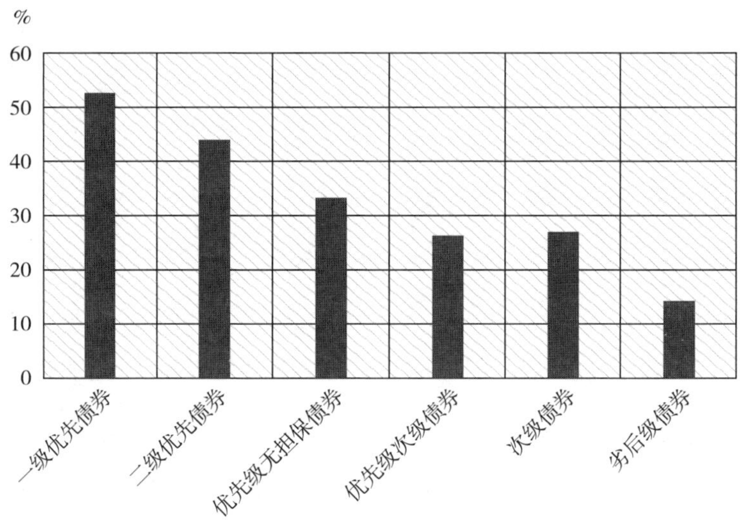

图4.4　1982—2016年不同优先级违约企业债券平均回收率

（数据来源：穆迪2017年企业违约分析报告）

从图4.4中可以清楚地看出，优先级的债务在发生违约时，回收率要大大高于劣后级的债务。

在中国，企业债务违约回收率的研究还是一个比较新的课题。除了前面提到的三个主要因素之外，中国企业债务违约回收率还需要考虑一些其他因素，例如：

1. 违约处置方式。目前国内债务违约没有标准处置方式，一般有协商处理和司法处理两种形式，对处置方式的选择会影响资产回收率。

2. 政策和维稳考虑。虽然企业债务违约“刚性兑付”已经成为过去，但对于不同体制的企业而言，债务违约回收率还受政府参与度的影响。特别是国有企业违约，当地政府出于维护社会秩序的考虑，有时会参与违约处理。不同省份不同地区的政府参与程度各不一样。在政府参与度高的地区，通过积极协调各方，可能提高企业债务问题处理的效率和回收率。

申万宏源对截至 2019 年 7 月底的 300 多只违约债券的回收状况进行了分析[4.8]，综合他们的研究结果，我们可以观察到以下几个重要的现象：

1. 从信用债违约状况来看，中国企业债务回收率总体处在一个较低的水平，从 2014 年第一只债券违约至 2019 年 7 月底，违约债务本金的总体回收率仅有 10.7%。

2. 企业所有制对回收率影响较大。民营企业违约规模占比近 80%，回收率不及 10%；地方国有企业和中央国有企业违约规模合计占比超过 15%，央企回收率大约 20.4%，地方国有企业回收率为 13.9%。

3. 上市公司回收率远高于非上市公司。在已经回收或者部分回收资产的企业中，上市公司的回收率超过 30%，非上市公司回收率较低，仅为 6%。

4. 回收率行业分化明显。在有回收的行业中，计算机、家用电器、休闲服务等下游行业回收率较高，相关债券实现 100% 兑付，采掘、钢铁、化工、机械、建筑装饰等中上游行业回收率较低，电子、传媒、农林牧渔等行业回收率为零。

5. 在有担保的债务中，担保代偿率非常低，仅有 3% 左右。

当然，债务违约回收的另一个重要参量是回收期（Workout Period）。回收期指的是从债务宣布违约开始，到债务清偿流程结束。很多时候，由于回收流程的复杂性，无法界定准确的回收结束时间，通常认为达到以下条件中的一项便可认为回收期结束：

（1）95% 的 EAD（违约风险敞口）得到偿还；

（2）违约发生后一段时间（通常为一年）；

（3）回收率大于 75% 以上的同类违约债务。

债务回收期的长短和企业所处的行业有关，也与违约原因有关。如果债券违约是由于资金链断裂或技术性问题而导致的，之后公司可通过债务延期、外部融资等方式快速筹措资金，在较短的时间实现偿付。如果债务违约是由于公司经营、股权等方面的问题，之后公司大多进入债务重组、违约求偿诉讼、破产重组之中，回收周期较长。中国企业信用债务违约常态化的时间并不长，随着时间的推移，回收状态会有一定的改变。

4.3 中小微企业存活曲线和违约资产回收率分析

上面两节我们站在供给方的角度，分析了资金方决策的两个重要参数：企业的违约概率和违约回收率。那么中小微企业在这个分析框架中处于什么地位呢？

首先，让我们来看中小微企业的违约概率。和一般规模以上企业相比，中小微企业恰恰是一个违约概率非常高的群体。由于中小微企业的财务和估值信息都很难获取，很多中小微企业的违约概率很难用 KMV 或者其他相关的模型评估。但是一个不争的事实是：中小微企业，尤其在其创建早期，有很大的不确定性和破产风险。虽然不同的行业有一些细微的差别，但总体来说，由于各种原因，它们当中的一大批会被市场淘汰。这一点有非常翔实的数据根据。例如，我们统计每年成立的企业，并在几年后再来统计同年成立的企业中还有多少存活，存活企业在同期成立企业中的占比被称为企业的“存活率”。把存活率按照企业成立年限做出的曲线叫企业“存活曲线”。图 4.5 展示的就是根据美国中小企业管理局数据绘制的 1994—2013 年美国中小微企业的存活曲线。从图 4.5 中可以看出有将近半数的中小微企业存活时间未能超过 5 年，65% 以上的中小微企业存活未能超过 10 年[4.9]。1994 年成立的中小微企业能够存活到 2013 年的仅剩三分之一左右。

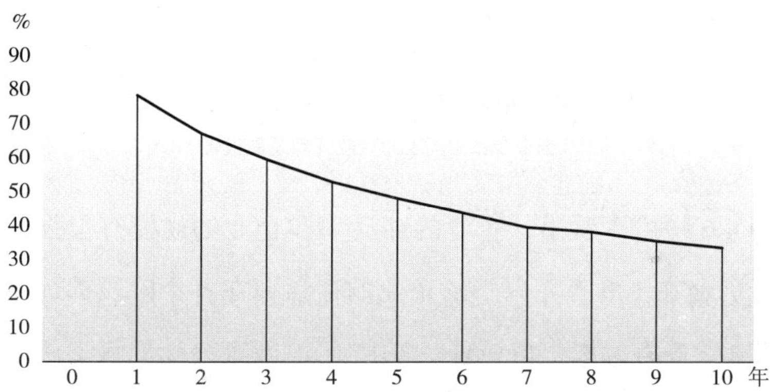

图 4.5　美国 1994—2013 年中小微企业存活率曲线

（数据来源：美国中小企业管理局（SBA），得分金融科技有限公司整理）

中国初创型中小微企业的情况也不乐观。国家工商行政管理总局 2013 年发布的一篇关于企业生存时间的报告[4.10]指出，中国企业的平均寿命众数（退出市场的企业中占比最大的那部分企业的寿命）仅为 3

年①。根据这份报告提供的数据，中国 2000—2013 年不同注册资金的企业的存活率曲线如图 4.6 所示。

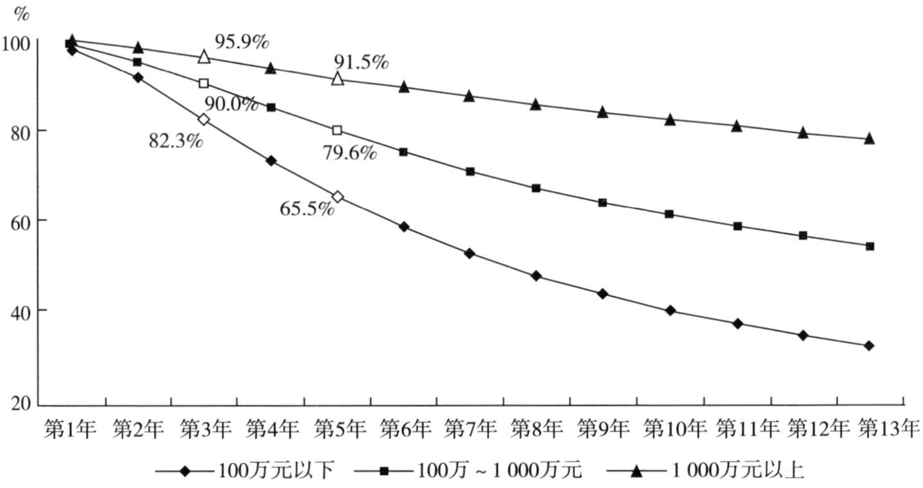

图 4.6　中国 2000—2013 年不同规模企业存活率曲线

（数据来源：中国工商行政管理总局报告）

从图 4.6 中可以看出，企业的存活率和企业的规模有很强的相关关系。注册资金在 100 万元以下的企业的存活率在各个阶段都远远低于注册资金在 1 000 万元以上的企业。2015 年，国家统计局科学研究所也对中国小微企业进行了调研，根据统计局的调研报告[4.11]，2013 年中国小微企业的死亡率是大型企业的 23.6 倍，是中型企业的 6.9 倍。五年内破产关闭的小微企业占 51.5%。

中小微企业容易被市场淘汰的原因很多，归结起来比较突出的有以

① 见央视新闻网 2018 年 3 月 1 日 11:45 国务院新闻办公室举行新闻发布会上国家工商行政管理总局局长张茅讲话及在 2018 年 6 月 14 日举行第十届陆家嘴金融论坛上人民银行行长易纲的讲话。在谈论金融如何支持中小微企业时，易纲行长列举数据称，"美国的中小企业的平均寿命为 8 年左右，日本中小企业的平均寿命为 12 年，我国中小企业的平均寿命为 3 年左右"。

下几类。

1. 市场需求不足。企业的产品、服务等没有足够的市场需求支撑。造成这个问题的原因有可能是早期市场定位就有偏差，也有可能是在后期市场环境发生了变化，或者出现了难以控制的外部原因，例如灾害、经济环境变化、政策法律环境变化等。

2. 中小微企业领导层和团队出现问题，这个问题在企业的初创时期中非常突出，是导致企业死亡的重要原因。

3. 缺乏竞争力。这个问题在一个高度同质化和高度竞争的环境中尤其显著。企业之间对各种资源的恶性竞争往往是导致很多中小微企业破产倒闭的原因。

4. 价格偏差。价格偏差可以被解释为盈利模式的缺陷。产品或者服务的定价过高会导致客户资源流失，过低则可能导致企业亏损。缺乏可持续的盈利模式常常是中小微企业成长的主要障碍。

5. 最后，也是最普遍、最突出的原因，就是资金匮乏。这是每一个创业者都经历过的困难，无论中小微企业处在哪个行业、哪个市场、哪个发展阶段，资金不足永远是伴随企业家的最大问题。无论企业有什么样的问题，最终压垮骆驼的那根稻草一般都是资金不足。

从违约资产回收的角度看，中小微企业也处于弱势。中小微企业由于其信用违约风险较大，管理不规范、财务数据不透明等原因，很难在公开市场融资，因此中小微企业违约回收率很难有比较系统的统计和研究。但是我们可以通过一些已有的数据及研究中看出大致的趋势：

（1）在过去的十几年中，不少研究者发现回收率和违约概率反向相关，也就是说违约概率越高，回收率就越低。中小微企业的违约概率最高，因此，违约回收率也是最低。

（2）从穆迪的研究可以看出，全球公募和银行债务中，企业违约回收率和债项的评级有关。例如根据穆迪2020年2月的违约趋势报告，穆迪违约数据库中全球第一优先级债务的五年平均回收率为54.9%，而次级债务的五年平均回收率则为38.8%。

（3）从企业所有制分布来讲，中国的中小微企业绝大多数是民营企业，而民营企业正是目前违约回收率最低的群体。就2019年为止中国违约债券的回收情况看，中国民营企业违约债务回收率不及10%。

在了解中小微企业的违约概率和违约债务回收率状况以后，再来看为什么中小微企业融资困难，就非常清楚了。从以上的讨论中我们得出以下结论：

（1）我们从公式4.2中可以看出，信贷资金方放贷决策的主要依据是企业的违约概率和违约资产回收率这两个参数。无论从违约概率还是违约回收率的角度看，在出借方眼中，中小微企业都处于极为不利的地位，一方面违约概率很高，另一方面违约回收率很低。因此，在一个市场化的环境中，中小微企业融资难是必然的，是一个不可回避的结构性的问题。

（2）企业违约概率和违约债务回收率都和宏观经济环境有关。经济下行时，特别是经济衰退时，企业的违约概率会增大，企业违约的回收率会降低。当这两个因素恶化时，资金方愿意承担的信用风险敞口会降低；而在经济上行时，企业违约概率减小，违约回收率增大，资金方愿意承担的信用风险敞口也随之增大。这就解释了为什么资金方永远在“锦上添花”而不会“雪中送炭”。目前由于疫情及其他因素的影响，全球经济面临衰退，大批中小微企业出现资金短缺问题，而资金方的资金投放意愿同时大幅萎缩，出现惜贷现象。这对中小微企业融资无异于雪上加霜。

（3）中国由于国情不同，还存在另外一个维度的问题——二元经济带来的信用资源分配不平等问题。出于风险考虑，银行等资金方更愿意把钱借给违约风险小、单笔资金数额大、回收率高的国企和央企。而处在信用食物链末端的民营企业，特别是中小微企业通过信用资源融资就更为困难。

第5章 中小微企业传统融资渠道分析

水性虽能流，不导则不通。

——唐·马总《意林》

从供给侧看，可供中小微企业融资使用的资金渠道的适用性、畅通性也是造成中小微企业融资困难的另外一个原因。

分析中国现存的三类（直接融资、间接融资、政策性融资）不同融资渠道，为中小微企业服务的渠道无论从其丰富性、适用性方面还有很大的提升空间。其中商业信用融资有非常广阔的发展前景但是面临成本高、不易扩容等瓶颈。

如果把中小微企业融资的信用资源比作水池的话，只是讨论水池中有多少水还不够，还需要讨论如果有水，怎样把这些水引入中小微企业这片田。也就是中小微企业的融资渠道问题。在传统金融中，一般来讲，中小微企业有五大类型融资方式：商业银行贷款融资、政府政策性融资、资本市场融资、风投融资和商业信用融资（见图 5.1）。

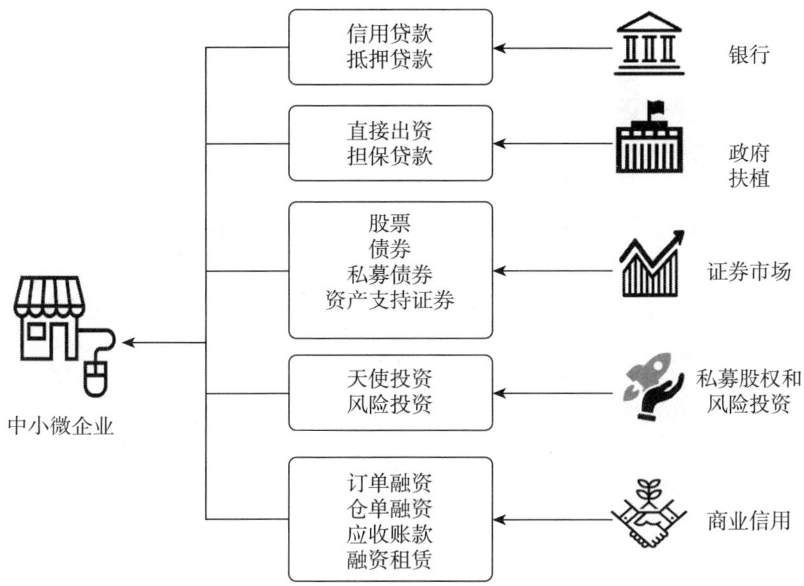

图 5.1　中小微企业的常见融资渠道

不同国家金融系统和金融基础设施情况不同，中小微企业对不同融资渠道的依赖程度也不同。根据 OECD 在 2018 年墨西哥举行的中小企业管理研讨会上的一份报告（OECD，2018）[5.1]，欧盟委员会曾对欧盟 28 个成员国家的中小企业融资渠道做过普查，2016 年的普查结果表明，欧盟国家中小企业有半数以上依赖银行信用授权和信用贷款融资，商业银行仍然是欧洲中小微企业的主要融资来源，以商业信用为基础的贸易融资（包括供应链金融）和融资租赁则是中小企业的另外一类正在逐渐拓展的主要融资渠道，而资本市场融资（包括股票和债券）由于门槛较高，成本昂贵，在目前的情况下不是中小微企业融资的首选（见图5.2）。

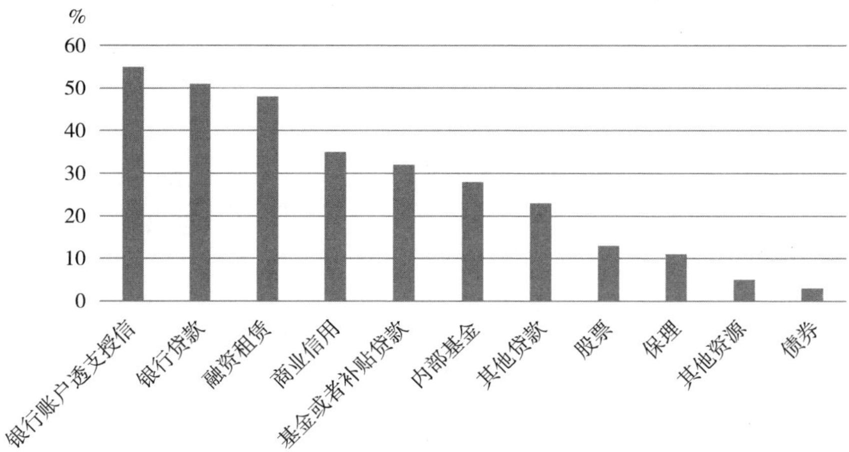

图 5.2　欧盟成员国中小企业融资渠道普查结果

（数据来源：欧盟）

5.1　银行信用融资

企业从银行贷款，用金融术语来讲，是“间接融资”。意思是社会的多余资金通过储蓄的形式进入银行，银行再把这些资金贷给需要融资的企业。在这个过程中，银行扮演了一个“中间人”的角色，而出资方和借贷方并不产生直接的商业关系。换句话说，贷款的信用风险由银行而不是广大的储户承担。在市场化的运作机制下，银行根据自己的风险偏好、资金状况对企业放贷。最传统的贷款方式是信用贷款，即银行根据企业的信用状态对企业授信，根据授信额度放贷。这种融资方式也叫银行信用融资。在中国，这种通过银行的间接融资是企业获得资金的主要途径。从前面的分析和讨论可以看出，全球中小微企业信用缺口非常大，中小微企业在银行信用融资方面处于劣势地位。在中国，中小微企业还需要与央企、国企竞争信用资源，加上企业本身管理上的先天缺陷，按照市场规律，中小微企业从银行获取信用贷款的机会非常小。近年来，从中央到地方不断出台各种针对中小微企业的融资优惠政策，情况有了较大的改善。根据人民银行和银保监会 2018 年发布的《中国小微企业金融服务报告》[5.3] 中的数据整理，企业贷款占银行全部贷款的 60% 左右，其中国标口径的小微企业贷款占企业贷款总额的 32.1% 左右。但是，从图 5.3 可以看出，单户授信在 500 万元以下的小微企业的信用贷款占贷款总额的比率仍然非常小，仅为大型企业贷款占比的 1/16。由此可见，对于大多数小微企业而言，获得银行贷款的可能性并不大。

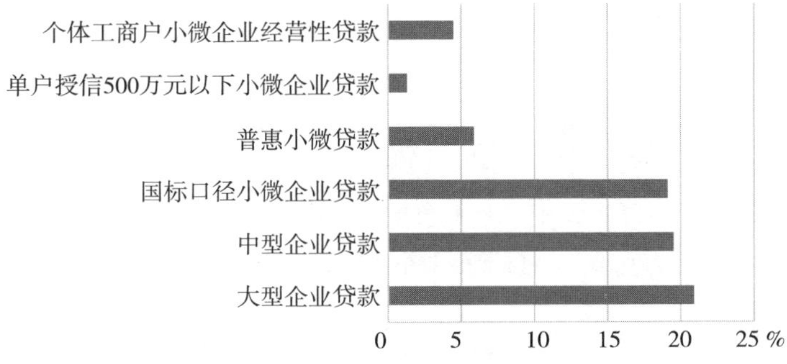

图 5.3　2018 年中国各类企业贷款占比

（数据来源：人民银行、银保监会 2018 年《中国小微企业金融服务报告》）

5.2 政策性融资

政策性支持中小企业融资是各国政府常用的扶持中小企业的措施之一，其中包括政府的直接贷款，政府为中小企业融资出具担保等。例如，根据 OECD 2018 年统计，部分政府 2016 年对中小微企业提供的担保金额分布如图 5.4 所示。

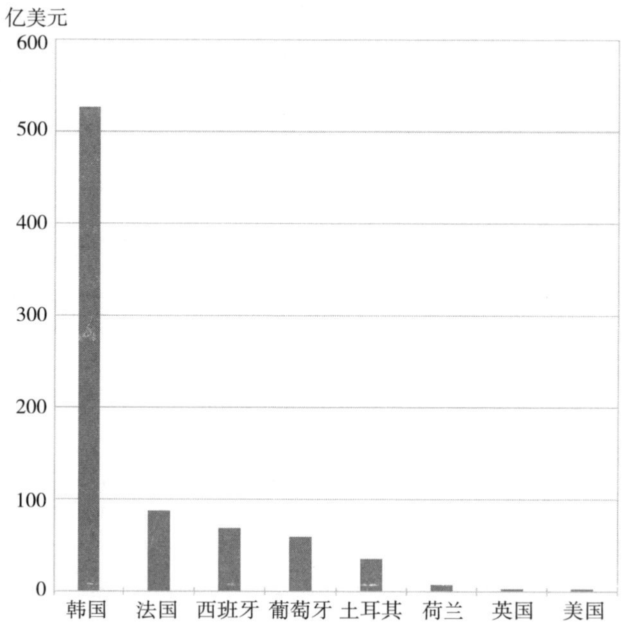

图 5.4 2016 年各国政府对中小微企业贷款提供的担保金额

2020 年新冠肺炎疫情（以下简称疫情）全球大流行以后，为了救助对国民经济影响最大同时也是受疫情冲击最大的中小微企业，各国政府纷纷出台专门针对中小微企业的各种政策。2020 年 3 月，OECD 发布了一个关于疫情中各国政府对中小微企业融资扶持政策的专题文章[5.3]，文章罗列了各国政府及央行在疫情大流行以后发布的各项扶植中小微企业的政策。这些政策主要集中在税务减免、灾害应急贷款、直接纾困信用援助、采购和支付等领域。表 5.1 是部分国家疫情期间支持中小微企业融资的政策概览。

表 5.1　疫情期间各国对中小微企业融资提供的政府援助

疫情期间各国政府扶植政策分类概览		
短期税务减免	缓缴	澳大利亚、比利时、法国
	减免	意大利
灾害贷款		美国
直接纾困援助	直接授信	法国
	零利率、零抵押贷款	日本
	放宽信用审查	以色列
	行业支持（特别针对旅游业）	澳大利亚、智利、意大利等
	新的公共部门贷款担保	澳大利亚、日本、韩国、以色列
	应收账款保险	韩国
	信用转移缓释	法国
采购和支付支持	政府采购赊销罚款	法国、比利时
	要求客户缩短账期	新西兰
商业银行应急贷款	还款展期	新加坡、韩国、马来西亚
	暂停还款	意大利

资料来源：OECD。

长期以来，中国政府出台了大量的扶植中小微企业的政策。疫情期间，中国政府又接二连三出台了一系列针对中小微企业融资的优惠政策（见表 5.2），同时各地方政府也相继出台各类扶植政策。

表 5.2 疫情期间中国政府对中小微企业融资优惠政策概览

疫情期间国家扶植中小微企业融资政策概览	
暂缓临时性还本付息	鼓励金融机构对提出申请、符合条件的中小微企业临时性延期偿还安排到 6 月 30 日，免受罚息
再贷款再贴现额度增至 5 000 亿元	重点用于中小银行，加大对中小微企业的信贷支持
降低再贷款利率	再贷款利率降至 2.5%
允许等额再贷款	6 月底前允许地方法人银行新发放不高于贷款市场报价利率 50 个基点的普惠型小微企业贷款
降低小微贷款利率	鼓励引导全国性商业银行加大对中小微企业信贷投放力度，努力使利率比去年有明显下降
增大普惠型小微企业贷款余额	力争国有大型银行普惠型小微企业贷款上半年增速不低于 30%
增加专项信贷额度	政策性银行将增加 3 500 亿元专项信贷额度，以优惠利率向中小微企业发放

资料来源：中国政府网。

可以看出，政府扶持政策是中小微企业融资的一个重要渠道之一。尤其是在外部经济环境比较困难的时候，通过政府的各类扶植渠道获取资金不失为很多中小微企业可以依赖的一个途径。

在正常情况下，政策性扶持资金面临的一个重要问题是对中小企业筛选甄别的困难。从尊重市场规律的角度看，并不是每一家中小企业都应该得到资金扶持。很多不被市场认可或者管理混乱甚至钻法律、监管的空子，违法乱纪的中小微企业理应被淘汰出局。那么问题是谁来甄别这些企业的好坏呢？完全通过政策性大水漫灌式的扶持，靠政府的力量或者靠一些行政上的粗线条的硬杠杠，往往适得其反。结果常常是非但不能精准地为能够对经济发展作出重要贡献的中小企业提供资金支持，反而在很大程度上会破坏市场生态，滋长腐败，造成长期的负面影响。

5.3　证券市场融资

如果说通过银行借贷是间接融资的话，那么什么是直接融资呢？直接融资指的是投资方和融资方直接建立债权和债务关系。也就是说借贷方出现问题时，资金出借方将直接蒙受损失。直接融资省去了间接融资中的资金中介（银行），投融资双方直接对接理论上更为有效，成本更低。但是由于不同国家的金融体系不同，金融市场的成熟程度不同，直接融资和间接融资的成本也会有很大差异。

直接融资的主要渠道是资本市场，资本市场一般指的是长期资金市场。狭义的资本市场主要是指证券市场，包括股票市场和债券市场。企业在资本市场融资的主要形式有发行企业债券、发行私募债、资产证券化融资、股票市场融资等。

5.3.1　发行企业债券

企业债券多用于企业的长期战略项目。市场上发债的一般大型企业较多，中小型企业如果有盈利较高的项目、资金需求量较大，可以采用这种方式融资。企业在公开市场发行债券的条件相对比较苛刻，一般来讲，需要满足以下条件：

（1）净资产不低于 3 000 万元；

（2）累计债券余额不超过公司净资产的百分之四十；

（3）近三年平均可分配利润足以支付公司债券年利；

（4）筹集资金投向符合国家产业政策；

（5）债券利息不超过国家限定利息标准；

（6）资金不得用于弥补亏损和非生产性支出。

发行债券需要解决债券的包销、利息支付、如期偿还等具体问题，一般情况下需要通过券商承销。由于公募债券对企业的净资产和盈利能力要求很高，只能满足非常少一部分中小微企业的融资需求。

5.3.2 发行私募债

私募债对企业的净资产和盈利能力没有要求，因此更适合中小微企业融资。私募债和普通企业债的最大区别在于它不是公开发行，也不在公开市场交易。募集资金的主要对象是有限数量的专业投资机构，如银行、信托公司、保险公司和各种基金等。目前中国发行私募债的基本条件为：

（1）发行企业应符合国家相关政策对于中小企业定义的标准，并且必须符合纳税规范；

（2）企业的主营业务不能包含房地产和金融类业务；

（3）年营业收入达到一定规模，以企业年营业额收入不低于发债额度为宜；

（4）能获得大型国企或者国有担保公司担保；

（5）信用评级达到 AA 级以上者为优先考虑对象。

信托产品是近两年市场比较热门的融资方式，一般委托信托投资公司向民间私募，用于一些大型的基建项目，给投资者的利率高于银行同期利率，另外需要向信托投资公司支付信托佣金。信托产品属于金融创新品种，中小科技企业如果有成熟的发展项目及良好的盈利模式，可尝试用此方式委托投资公司协助融资。

5.3.3　资产证券化

资产证券化是以特定资产所产生的未来稳定、可预期的现金流为支持而发行证券的一种方式。资产证券化融资的本质是中小微企业将未来可产生现金流的资产抵押或者转让给投资者进行债务融资。一般情况下，资产证券化的基础资产包括：企业应收货款，贸易垫支税款和其他费用、企业大型设备租赁费用、金融机构信贷或者信托收益权以及个人房贷、车贷、信用卡贷款等。目前在中国资本市场上的资产证券化主要有三大类：

（1）由证监会监管的资产证券化（Asset-backed Securities，ABS）；

（2）由银保监会监管的信贷资产证券化；

（3）交易商协会下的资产支持票据（Asset Backed Notes，ABN）。

资产证券化的流程如图 5.5 所示。

从图 5.5 中可以看出，资产证券化过程一共需要七个不同参与方（具有债务关系的公司 A&B、专项计划实体、承销商、投资者、金融服务商、增信机构和评级机构）和 9 个基本步骤。以供应链应收账款证券化融资为例，其流程包括以下步骤：

步骤 1：公司 B 和公司 A 之间存在债务关系。也就是说公司 A 欠公司 B 的钱，公司 B 需要资金，决定用这笔应收款进行融资。公司 B 将有关这笔应收款的所有凭证清理出来，必要时和其他债权剥离。

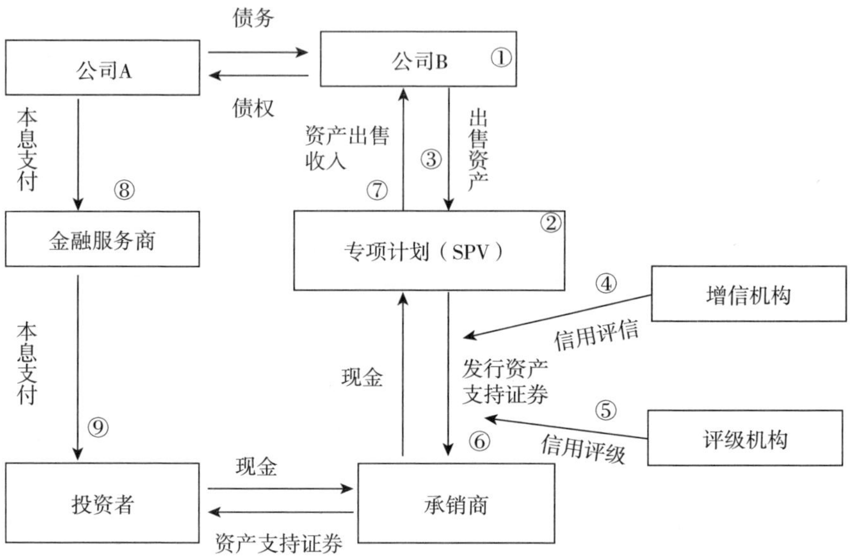

图 5.5 资产证券化交易流程

步骤 2：设立一个专项计划公司 SPV（特殊目的实体），用这个 SPV 作为证券发行机构，SPV 没有具体的经营权利，只是一个法律意义上的实体。建立 SPV 的目的是破产隔离。也就是说，为了保证投资人的利益，即使公司 B 在资产证券化之后发生破产倒闭，SPV 作为法律实体仍然对基础资产承担所有责任。

步骤 3：公司 B 将清理出来的资产转让给 SPV。在法律上，基础资产的所有权归 SPV。也就是说，如果公司 B 同时还欠另外一家银行的款项，如果公司 B 出现财务困难时，那么这家银行没有权利获取或者冻结公司 B 已经出售给 SPV 的基础资产。

步骤 4：发起人或者第三方机构对已经出售给 SPV 的基础资产增信。增信的方式常用有两种。第一种是债务确权。当公司 A（原始债务方）的信用等级高于公司 B（如公司 A 是一家大型企业，公司 B 是一家中小微企业）通常采用这种方式增信。另外一种方式是由信用资质较好的第三方担保。第三方有可能是专门的担保公司、政府或者是资信较好的金融机构或者金融服务公司。

步骤5：由中立的信用评级机构为已经转让到SPV的资产或者资产池进行评级。

步骤6：由SPV对特定的资产或者资产池进行结构化重组，并通过承销商以公开或者私募的方式发行。

步骤7：在完成证券发行之后，公司B支付基础资产转让的款项。

步骤8：由SPV或者第三方服务商对基础资产或者资产池进行日常管理，收集其产生的现金流，在本例子中向公司A收集它应付的款项本金和利息。

步骤9：SPV根据以上现金流对持有资产证券化产品的投资者支付本息。

对于中小微企业来说，资产证券化融资的优点在于：

（1）融资门槛相对低。由于资产证券化将企业的主体信用和资产信用进行剥离，对很多主体信用资质较差的中小微企业，是一种有效的融资渠道。

（2）期限相对灵活。可以根据企业的融资需求灵活掌握融资期限。

（3）资金用途没有太多的限制，无须披露。

（4）操作流程相对简单、可行。

但是也有一些限制条件。首先中小微企业需要有可以用来融资的基础资产。基础资产必须具有稳定的、可预测的现金流，同时需要第三方机构增信。

5.3.4 股票市场融资

股票市场是企业直接融资的一个重要途径。从 20 世纪 90 年代发展到现在，中国已经形成了一个多层次、多结构的股票市场体系，涵盖企业成长周期的不同阶段和交易的不同需求。从市场的层次性来看，股票市场可以大致分为四个层次。

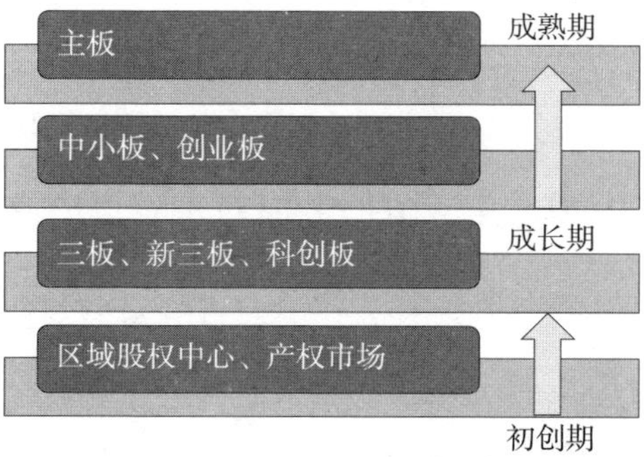

图 5.6 中国股权市场的层次结构

第一个层次是上交所和深交所的主板市场，也称为“一板市场”。主要为处于生命周期成熟阶段的企业提供上市融资服务。第二层，又称“二板市场”，由中小板和创业板组成，三板市场目前有“老三板”和“新三板”之分。中国的三板市场起源于 2001 年“股权代办转让系统”。目前包含三类企业：第一类是历史遗留问题公司，主要指从 STAQ、NET 转过来的企业；第二类是因为连年亏损、走投无路而被迫从主板上摘牌的企业；第三类是 2006 年初国家批准中关村科技园区的高科技企业在三板市场进行交易后挂牌的企业。前两类股票目前统称为“老三板”，第三类就是通常说的“新三板”的雏形。2013 年 1 月 16 日，全国中小企业股份转让系统揭牌，2013 年 12 月正式向全国放开，称为“新三板”。2019 年 7 月 22 日，科创板正式在上交所开市，科创板定位为实现资本市场和科技创新更加深度的融合。从上市企业的生命周期的角度，科创板主要服务处于成长期的科技型企业，和新三板高度重合。

“二板”和“三板”市场都是为处在成长阶段的企业融资设立的。股票市场还有一个“四板”市场，那就是区域性股权交易市场。这个市场是服务于省级行政区域内处于尚未成熟阶段的中小微企业的私募股权市场。是集证券性、私募性、服务性区域性为一身的中小微企业综合金融服务市场。截至 2016 年底，全国共有 40 家区域性股权交易中心，成为中国多层次股权市场的一个非常重要的组成部分。

不同的股票市场板块有不同的门槛。对于一、二板市场来说，根据《中华人民共和国证券法》《股票发行与交易管理暂行条例》和《首次公开发行股票并上市管理办法》，监管机构对挂牌企业的资质有详细、明确的规定。除了对主体资格、公司治理、独立性和同业竞争、关联交易等有明确规定之外，对挂牌企业的财务指标，例如盈利、营收和股本等都有具体的量化要求（见表 5.3）。

表 5.3　主板和“二板”企业上市财务条件

市场层次	存续年限下限	最近三年利润下限（万元）	最近三年现金流下限（万元）	最近三年营收下限（万元）	股本总额（万元）
主板	3	3 000	5 000	30 000	≥ 3 000
二板	3	3 000	5 000	30 000	发行前≥ 3 000 发行后≥ 5 000

对三板市场的企业，根据全国中小企业股份转让系统 2020 年最新修订的《全国中小企业股份转让系统股票挂牌条件适用基本标准指引》，对在新三板挂牌的企业有以下主要要求：

（1）依法设立且存续（存在并持续）满两年；

（2）业务明确，具有持续经营能力；

（3）公司治理机制健全，合法规范经营；

（4）股权明晰，股票发行和转让行为合法合规。

对挂牌公司的财务也做出了明确规定，主要包括：

（1）最近两个完整会计年度的营业收入累计不低于 1 000 万元；因研发周期较长导致营业收入少于 1 000 万元，但最近一期末净资产不少于 3 000 万元的除外。

（2）报告期末股本不少于 500 万元。

（3）报告期末每股净资产不低于 1 元 / 股。

从以上的讨论可以看出，在主板和二板发行股票融资的企业必须具备一定的规模，而且运行相对成熟。在这两个板块上市的企业一般都是大、中型企业，很少有小微企业。在新三板挂牌的企业虽然上市条件有所放松，但是依然需要具备持续的盈利能力和相对成熟的经营管理模式。

2019 年 1 月 30 日，证监会发布了《关于在上海证券交易所设立科创板并试点注册制的实施意见》[5.5]。同年 3 月 1 日，证监会发布了《科创板首次公开发行股票注册管理办法（试行）》[5.6] 和《科创板上市公司持续监管办法（试行）》[5.7]。从这些管理办法可以看出，科创板最大的变化是由过去的核准制改变为注册制。公司的上市条件和其他板块也略有不同。科创板的主要对象定位为那些面向世界科技前沿、面向经济主战场、面向国家重大需求的企业。科创板优先支持符合国家战略，拥有关键核心技术，科技创新能力突出，主要依靠核心技术开展生产经营，具有稳定的商业模式，市场认可度高，社会形象良好，具有较强成长性的企业。科创板对上市企业还提出了一些财务要求，其特点是弱化了对企业盈利的要求，强化了企业在科技和成长增速方面的要求。

2019 年 10 月，证监会宣布，全面推进“新三板”改革，设立公开发行股票的“精选层”，并建立新三板和沪深交易所之间的转板机制。2021 年 9 月 2 日，国家主席习近平在中国国际服务贸易交易会上发表讲话，宣布进一步深化“新三板”改革，设立北京证券交易所。2021 年 11 月 15 日，北京证券交易所（简称北交所）开市。

北交所的成立是深化新三板改革的结果。原新三板市场又分为基础层、创新层和精选层，不同资质的公司在这三个不同的平台挂牌。北交所就是将原新三板精选层的所有股票及基础制度平移过来成为新的交易所，并实行注册制。它的服务对象和新三板一致，聚焦服务创新型中小企业，但是将新三板服务更加层次化了，使在基础层、创新层挂牌一定时间的公司可以层层递进到北交所，成为上市公司，并通过北交所转板到其他板块。

北交所的成立首先从地域上加强了北方地区的资本市场建设，形成北京、上海、深圳“三足鼎立”的局面，其次北交所主要聚焦服务创新型中小企业，实现与沪深交易所错位发展。因此，京、沪、深三地交易所功能互补、各具特色、各显优势，形成了中国证券市场新格局。更重要的是北交所通过新三板层层递进的方式，纵向打通了专精特新、创新型中小企业从非上市到上市公司的再到转板的全部链条，填补了原新三板市场的一项空白。

北交所公开发行并上市需要满足以下条件：在全国股转系统（新三

板）连续挂牌满 12 个月的创新层挂牌公司；具备健全且运行良好的组织机构；具有持续经营能力，财务状况良好；最近三年财务会计报告无虚假记载，被出具无保留意见审计报告；依法规范经营等。

企业对此可以选择以下四套条件之一进行申报：

1. 市值≥ 2 亿元，近两年净利润均≥ 1500 万元且加权平均 ROE 平均≥ 8%，或者最近一年净利润≥ 2500 万元且加权平均 ROE ≥ 8%；

2. 市值≥ 4 亿元，近两年营业收入平均≥ 1 亿元，且最近一年营业收入增长率≥ 30%，最近一年经营活动净现金流为正；

3. 市值≥ 8 亿元，近一年营业收入≥ 2 亿元，近两年研发投入累计占比≥ 8%；

4. 市值≥ 15 亿元，最近两年研发投入累计不低于 5000 万元。

从上面的讨论可以看出，前三类股票市场融资仅仅适用于具有一定规模而且相对成熟的中小企业，进入的门槛相对很高。同时上市的手续繁复、费用高企、耗时长也让绝大多数中小企业望而却步。

相对于正式的股票市场，区域性产权交易中心更能满足中小微企业的融资需求。各地设立的股权、资产交易的中介市场，产权交易比较规范，对出售的资产、股权均有相应的价格评估体系，交易方式基本市场化。中小科技企业为了解决资金紧缺，可将部分股权专利（无形资产）及有形资产在产权交易所挂牌，从而既可以解决企业内部资金紧缺，增加现金流，又可以为进一步的资本市场运作打好基础。区域性产权交易对入场的企业也有一定的要求。以成立较早、相对成熟的广东深圳前海股权交易中心为例，在该中心挂牌的企业必须满足以下条件：

（1）12 个月的净利润累计不少于 300 万元。

（2）12 个月的营业收入累计不少于 2 000 万元；或 24 个月营业收入累计不少于 2 000 万元，且增长率不少于 30%。

（3）净资产不少于 1 000 万元，且 12 个月的营业收入不少于 500 万元。

（4）12 个月银行贷款达 100 万元以上或投资机构股权投资达 100 万元以上。

中国中小微企业股票融资经过多次尝试，虽然取得了很大的进步。然而，不可忽视的是，这个融资渠道对大多数中小微企业而言仍然是可望而不可即。中国 99% 左右的企业是中小微企业，但是历年在股票市场上市的企业中鲜见小微企业的身影。例如，中小板历年上市的企业仍然以大型企业为主（见图 5.7）。

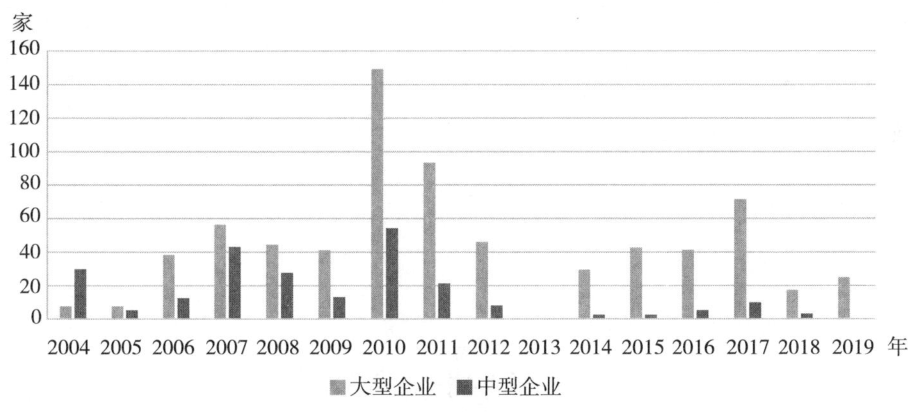

图 5.7　中小板大中型企业上市数量

（数据来源：万得）

即使在新三板挂牌的企业中，也基本上以中型企业为主（见图 5.8）。

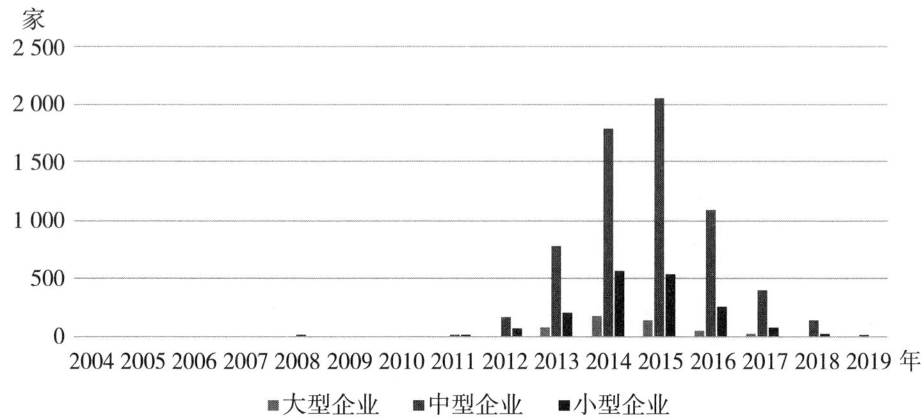

图 5.8　新三板大中小型企业上市数量

（数据来源：万得）

除此之外，通过新三板挂牌融资的中小微企业，市场估值普遍偏低，与沪深两市相比，新三板融资规模相对偏低，流动性差。新三板挂牌企业市值不断萎缩，一些优秀的科技型企业为了自我保护而退出新三板，在国外上市。还有许多企业将新三板作为上市的跳板，投资者因此担心企业退市而谨慎投资。新三板流动性较差，造成上市后再融资困难，这些中小企业只是在上市时解决了一次性的融资需求，上市后的增发融资难以为继。另外，在新三板上市的数量在 2015 年达到高峰后，逐年萎缩，2019 年几乎处于停滞状态。

5.4　私募股权和 VC

VC（Venture Capital Investment），风险资本投资，有时也被翻译为风险投资。广义地讲，VC 可以被看成私募股权投资的一种类型。狭义地讲，这两类投资的根本区别在于它们注重于投资对象生命周期的不同阶段。私募股权和风险资本投资与其他的投资方式最大的不同点是它们的“私募性”。“私募性”有三个方面：首先指的是资金的来源。私募投资机构主要以非公开方式面向少数机构投资者或高净值个人募集资金，它的销售和赎回都是基金管理人通过私下与投资者协商进行的。其次，在投资方式上也是以私募形式进行，绝少涉及公开市场的操作，一般无须对外披露交易细节。最后是它们投资产品权益的非公开性。私募股权和风险资本投资的对象主要是非公开上市的私人公司的权益，不排除有时用并购的方式令一些公开上市的公司退出市场，成为私人公司。

从投资者的角度看，私募股权投资和风险资本投资具有以下共性：

（1）投资的对象：具有高成长潜力的公司。投资者针对特殊行业或者具有专门技术因此具备高成长空间的公司用投入资金或者其他支持的办法获取股权，并在适当的时候退出，得到较高的回报。

（2）期限和流动性：私募投资和风险资本投资的期限一般较长，可达 3 至 5 年或更长，属于中长期投资。它们另外一个特点是流动性差，没有体量大的公开市场供非上市公司的股权出让方与购买方直接达成交易。

（3）资金来源：私募股权和风险资本投资资金来源广泛，如高净值人群、风险基金、杠杆并购基金、战略投资者等。出于投资多样化，取得高回报等方面的考虑，在符合监管要求的前提下，一些相对保守的机构投资者，例如养老基金、保险公司等，也常将小比例的资金投入私募股权中。

（4）投资管理形式：私募股权投资机构和风险投资机构多采取有限合伙制，这种企业组织形式有很好的投资管理效率，并避免了双重征税的弊端。

（5）投资的退出机制：无论是私募股权投资还是风险资本投资最终的目的都是要把投资变现，在已投公司完成了高成长期后，投入资金取得高额回报时抽出资金再去投其他的公司。这就是这类公司投资的退出机制。资金的退出渠道有很多，对于私募股权投资，一般有 IPO、售出（TRADE SALE）、兼并收购（M&A）、标的公司管理层回购等方法，对于风险资本投资，很多时候是通过在下一轮融资时用出让股权的方式收回资金。

私募股权投资和风险资本投资的最大区别在于所投的对象所处的成长阶段不同。风险资本投资的着眼点一般是在企业成立的初早期，更看重高潜力的成长行业和有独门技术的团队；而私募股权投资的主要对象是技术被市场认可，有产品和巨大市场空间的非上市公司。它们通常已经形成一定规模和产生了稳定现金流。

在投资规模上，私募股权投资由于投资对象的特点，单个项目投资规模一般较大。而风险投资则视项目需求和投资机构而定。

从投资理念来看，风险资本投资强调高风险高收益，既可长期进行股权投资并协助管理，也可短期投资寻找机会将股权进行出售。而私募股权投资一般是协助投资对象完成上市然后套现退出。

5.5 商业信用融资

商业信用是指在商品交易中由于延期付款或预收货款所形成的企业间的借贷关系。在一个“买方市场”（即买方占优势的市场）上，卖方出于市场竞争的原因，允许买方赊账，即先交货，延迟付款，这种销售关系被称为“赊销”。反过来，如果卖方占据市场优势，则会出现卖方要求买方先付款，延期交货的“先款后货”的销售形式。目前比较常见的是赊销模式。由于赊销或者先款后货销售形式的存在，企业之间会产生一些交易凭证，例如应收账款、货物仓单或者商业承兑汇票等。这些凭证可以用于融资，就形成了商业信用融资。所以，商业信用融资是企业利用商业活动中产生的信用，并以此进行的一种短期融资方式，其中最常见的一种方式是供应链金融（Supply Chain Finance，SCF）。

从中小微企业融资的角度看，商业信用实际上是一种“反向信用”。在这个信贷关系中，如果是赊销，货物的买方（通常是大型企业）是债务方，货物的卖方（供应商，通常是中小微企业）是债权方。也就是说，在赊销过程中，实际上是中小微企业把钱借给了大型企业。同样的，在预付款销售模式中，债务方（卖方）通常是比较强势的大型企业，而债权方，即收到货物之前就提前付款的买方通常是弱势的中小微企业。为什么融资困难的中小微企业会把钱“借给”大型企业呢？原因很多，有时是因为贸易流程本身带来的垫资需求，但大多数情况下都可以被归结于市场竞争的需要。赊销或者预付款的账期通常被用来衡量供应链上企业的运营资本效率。以赊销为例，对于买方而言，支付货款时间越晚，运营资本使用效率就越高，因为资金可以用作他用。这个效率通常用应付账款平均天数（Days Payable Outstanding，DPO）来表达。DPO 就是收货后延迟付款的平均天数。同样的道理，对于卖方而言，货款到账越早越好，因为资金周转对供应商同样非常重要。卖方的运营资本效率也可以通过应收账款平均天数 DSO（Days Sales Outstanding，

DSO）来表达，也就是卖方从交货后到实际收到货款的平均天数。这种卖方和买方对现金交割的相互矛盾的要求，往往会造成某一方的资金缺口（很多时候是谈判时相对弱势的中小微企业），而供应链金融的作用，就是通过资产抵押贷款、信用贷款或证券化融资等金融手段，为融资方填补运营资金缺口，同时提高DPO，降低DSO，达到提高双方运营资金使用效率的目的。

DPO（DSO）是一个普遍存在的现象。根据美国一家战略咨询公司Hackett Group 2019年的统计，从该公司关注的近50多个行业的情况来看，全球DPO一直稳定增长，2019年达到10年来最高位，从2009年的40天左右上升为目前的57.4天[5.9]。在中国，中小微企业的DSO（DPO）要远高于国外对应行业。据了解，中国中小微企业的DSO（DPO）平均在90天左右，极端情况下甚至高达150天。

一般来讲，供应链业务流程可以被分为采购、生产、存储、销售四个大的环节。按照这个业务流程，供应链上有三类不同的融资模式：采购阶段的订单融资、预付款融资等；物流阶段的仓单或货权质押融资和销售回款阶段的应收账款融资。

应收账款融资是供应链金融中体量最大，也是最常用的融资方法。应收账款融资的基本流程有以下几个关键步骤（见图5.9）：

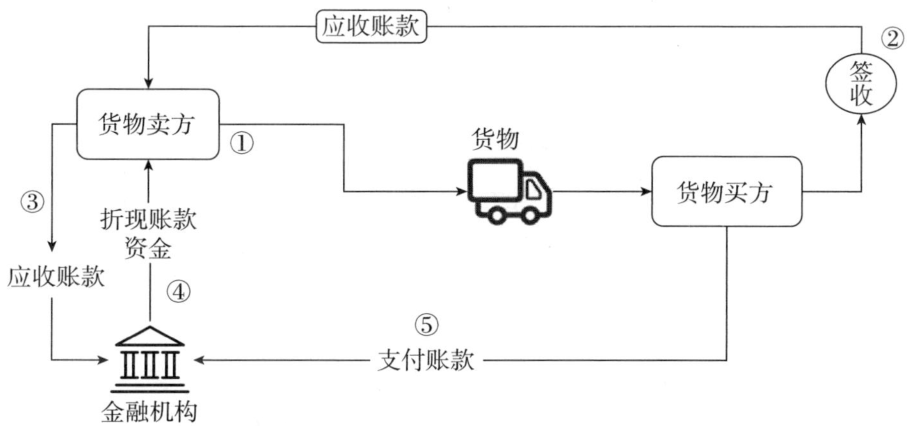

图 5.9　应收账款融资流程简单示意

（1）货物的卖方根据销售合同向买方发货；

（2）买方收到货物并认可其质量、数量之后签收货物，同时签署对卖方的欠账凭据（卖方的应收账款，即买方的应付账款）；

（3）卖方为了提前拿到资金，用赊销欠账凭据向金融机构提出融资要求；

（4）金融机构在核实了贸易的真实性后和卖方签署融资合同，并向卖方放款；

（5）赊销期限到期之后，买方向金融机构支付欠款。

物流阶段的融资又被称为存货融资、仓储融资（或仓单融资）。这类融资主要是通过将存储或者运输阶段的物权作为抵押进行融资。存货融资的一个常用形式是保兑仓融资。“保兑仓”是指以银行信用为载体，以银行承兑汇票为结算工具，由银行控制货权，仓储方受托保管货物，承兑汇票保证金以外金额部分由卖方以货物回购作为担保措施，由银行向供应商（卖方）及其经销商（买方）提供的以银行承兑汇票为结算方式的一种金融服务。因此，保兑仓融资需要厂商、经销商、银行三方甚至加上物流方四方共同签署协议启动，在多次兑付的过程中有机会不断验证，所以欺诈的难度比应收账款和仓储（仓单）融资要大，风险相对小一些。但是保兑仓融资依赖的产品销售回款却常常受多种因素的影响，经销商销售由于市场需求、价格、产品等变化出现违约的概率比应收账款大。

订单融资发生在供应链的起始端，是产品装运前融资，对买方和卖方的主体信用风险都存在敞口。由于卖方生产过程中的不确定性非常大，所以它的违约风险要比装运后融资大。同时，由于有订单作为抵押和未来现金流的证明，它的信用风险应该小于无抵押的信用贷款。订单融资事前没有实物和物流作为交叉验证的手段，同时也没有买方的兑付承诺票据，欺诈风险比仓储融资和应付账款融资稍大。

从上面的描述可以看出，供应链金融有以下几个风险特质：

（1）供应链金融的目的是为卖方（通常是中小微企业）融资，但是在应收账款融资中，用于融资的资产信用主体却是买方（通常是大企业）。换句话说，这类的商业信用融资从本质上是借用大企业的信用为小企业融资，因此，信用风险基本等同于债务方的风险。和普通的债务不同的是辨识贸易关系和债务的真伪相对困难。

（2）各类库存融资的实质是物权质押融资。通过物权质押的方法，这类融资使中小微企业的主体风险转化成了质押品风险，起到信用风险部分缓释和转化作用。

（3）在订单融资中，中小微企业未来现金流预期成为融资的抵押品。比起应收账款融资和库存融资，订单融资的风险不确定性要大很多。但是和单纯的信用贷款相比，订单融资的风险则要小很多。

总而言之，这类基于商业信用的融资方法对资金方而言，违约风险比单纯的信用贷款要小很多，风险成本也会随之下降，因此不失为中小微企业的一种重要的融资方式。事实上，我们从本章开始就讨论过，以商业信用为基础的供应链金融是国际上中小微企业选择的仅次于商业银行贷款的、正在逐渐拓展的重要融资渠道（见图 5.2）。中国具有高度发达的产业链，同时在国际、国内供应链上占有十分重要的地位，势必成为发展供应链金融的一片沃土。

中国的供应链金融发展，大致可以分为以下几个阶段（见图 5.10）：

第一个阶段是准备时期。比起国际上的同行，中国供应链金融起步相对较晚。20 世纪 70 年代末中国开始研究票据贴现业务，80 年代开始在商业银行探索推行。进入 90 年代后，出于加入 WTO 的需求，国内金融界开始研究贸易金融。这些探索研究和实践工作，为后来的供应链金融发展打下了基础。

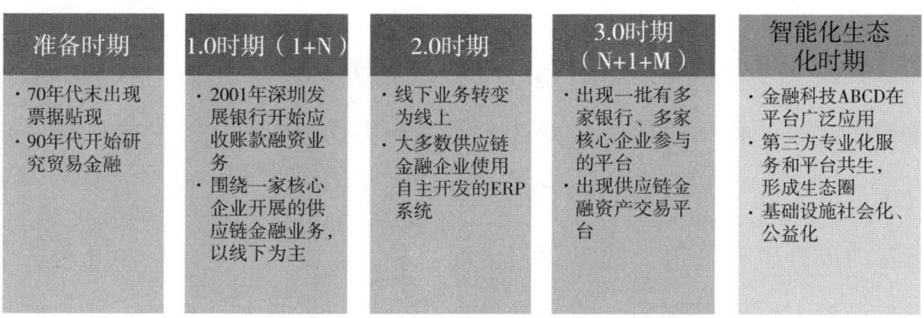

图 5.10　中国供应链金融的不同发展阶段

2001 年下半年，深圳发展银行（深发行，2012 年 6 月合并至平安银行）在广州和佛山的两家分行开始试点总授信额为 20 亿元人民币的存货融资业务（全称为“动产及货权质押授信业务”）。2005 年，深发行和国内三大物流巨头签署了合作协议。短短一年中数百家企业从这项合作协议中得到了融资便利，总授信额度达 2 500 亿元。深发行先行试水之后，中国供应链金融经历了以下几个阶段：

第二个阶段是 1.0 线下“1+N”时期。

这个阶段供应链金融的主要特征是银行围绕一家核心企业对其上游供应商或者下游分销商授信，用核心企业的应付账款（上下游企业的应收账款）作为融资的依据，用产品订单或者用与订单有关的货物作为抵押进行融资。在这个阶段，业务操作以人工、线下为主。

第三个阶段是 2.0 线上化时期。这个阶段最显著的变化是为了降低人工成本，提高效率，多数供应链金融企业或者是市场参与者纷纷开始自主研发或第三方提供的企业资源计划（ERP）系统，客户关系管理（CRM）系统，以计算机软硬件代替手工操作，大大提高了效率，降低了操作风险。但是，供应链金融模式无论从参与者到融资方式都没有发生实质性的变化。

第四个阶段是 3.0（N+1+M）平台化时期。不同于 2.0 时代简单地把线下模式线上化，供应链金融 3.0 是一个以平台为中心的发展模式。平台化不仅完成了跨机构的电子化流程操作，更进一步提高了效率，其参与者的成分也有了很大的改变，出现了平台提供商和平台运营商这两个以提供技术解决方案为主业的供应链金融新型参与者。另外，商业模式也由原来的一家银行或者一家核心企业为中心的单链方式拓展到多家银行参与服务和多家核心企业的平台化模式。目前 3.0 模式还在实践探索中，它的优点是使融资进一步透明化，运营专业化，其可能出现的重复授权或一份单证重复融资的弊端解决方案也在探索中。值得关注的是平台化带来的新的风险问题，其中最主要的是平台化削弱了在供应链金融风控中至关重要的客户深层关系，由此导致风险的传导等问题，这些问题将在本书的第 7 章中进一步阐述。

第五个阶段是智能化、生态化时期。和国外行业发展类似，目前当大多数供应链金融企业还在为平台化努力时，中国的一些行业领军者已经在绘制步入智能化、生态化的蓝图，着手布局并开始实践新一代的供应链金融模式。例如，区块链技术已经在相当一部分企业中开始运用，人工智能、云计算、大数据的使用也在一些企业中开始普及，全新的供应链金融生态圈（详见第 7 章）呼之欲出。

第 6 章
中小微企业资金需求分析

天下大事，必作于细。

——老子

从需求侧看，我们需要对中小微企业这个群体进行细分。从发展潜力维度，中小微企业可以被分为高成长潜力、中等成长潜力和低成长潜力三类；从企业所处的发展阶段又可以被分为初创期、高发展期（扩张期）和稳定期三个阶段。对于不同类型和处于不同发展阶段的企业，其融资需求各自不同。用这个分类框架和现有的信用资源、融资渠道进行匹配，发现融资问题最为迫切的是体量最大的、处于稳定期的大批中低成长潜力型企业。而最能够从商业信用融资获益的，正好是这个群体。

在分析了中小微企业融资的供给端之后，我们来看资金的需求方。

一般企业的CFO、CEO（首席财务官、首席执行官）都会告诉你，做企业永远在缺钱。开创企业需要资金，维持企业需要资金，研发产品需要资金，招揽人才需要资金，开拓市场需要资金，生产、运输、销售产品每一个环节都需要资金。

但是，如果深入细节研究中小微企业的资金需求，我们会发现，不同行业、不同类型的企业在它的生命周期不同阶段对资金的需求，无论从资金金额、期限、资金周转的频率都有所不同。研究中小微企业融资问题需要着手的重要一步，就是梳理清楚这些需求的特性。

6.1　中小微企业成长潜力分析

在第1章里我们详细地介绍了中小微企业的定义。尽管这个定义非常复杂、非常定量，尤其在中国，中小微企业的界定甚至细化到不同的行业和具体的财务指标，但是这只是一个静态的划分。例如，一个企业，在它初创的一两年之内可能是小微企业，但是一段时间之后有可能成长为大中型企业。这好比我们看到了一群动物，根据它们当前的个头把它们分成了大、中、小几类。其中被归入“小动物”类里的有可能是成年的羊或者是兔子，也有可能是一些大型动物的幼崽，比方说马驹或者是小熊。而这个“小动物群体”对食物的需求不可能完全一样，正如一个高速成长的高科技企业和一家餐馆的资金需求将完全不同。为了讨论方便，我们把中小微企业按照其发展潜力分为三类：

第一类：高发展潜力企业。这类企业成长迅速，有希望在短时间成为中型或者大型企业。

第二类：中等发展潜力企业。这类企业是指那些需要较长时间积累才可能在规模上有较大发展的企业。

第三类：低发展潜力的企业。通常指那很难在短期内有较大的成长，或者永远是“百年小店”的小微企业。

怎么判断一个企业是高成长还是低成长类型的呢？企业成长分析是一门专门的学问，影响企业的发展的因素既有内部自身的条件，也有外部环境，这些影响因素常常是不断变化，又相互关联。不过我们可以在给定的外部环境下，把影响企业发展的内生因素简化为以下几个方面：

（1）行业前景及企业组织管理。从这个视角，我们主要关注企业所处的行业前景、企业自身的产品优势及企业内部管理状态和团队优势等几个方面。

（2）企业资源，包括企业具备的技术资源、人力资源和客户资源。

（3）企业的网络关系，包括企业在社会结构中的人脉关系、企业和其他企业的联盟关系、企业和市场的关系以及企业的社交网络关系等。

这三个方面的因素将最终造成企业经营状态的差异，构成企业成长速度的不同（见图 6.1）。例如行业和产品的优势，会给中小微企业带来强大的市场竞争力。优秀的团队可以提高企业的战略优势和执行能力，而技术资源、人力资源和客户资源的优势则是培育行业、产品、团队优势的土壤。在特殊的社会环境中，企业的人脉关系是一种重要的外在实力。在生产高度社会化的当下，能够和产业链、供应链上的其他企业组成联盟常常能够产生多、快、好、省的效果，远胜于从猿到人的原生态进化发展。在信息化高度发展的今天，社交网络早已成为一种新型的产品营销、市场研究乃至产品开发的重要途径。企业在以上几方面先天的基因决定了这个企业将成长为独角兽、马还是终生为羊，而后天的资源占有程度以及对环境变化的适应能力则决定企业是否能够存活、成长以及成长的速度。

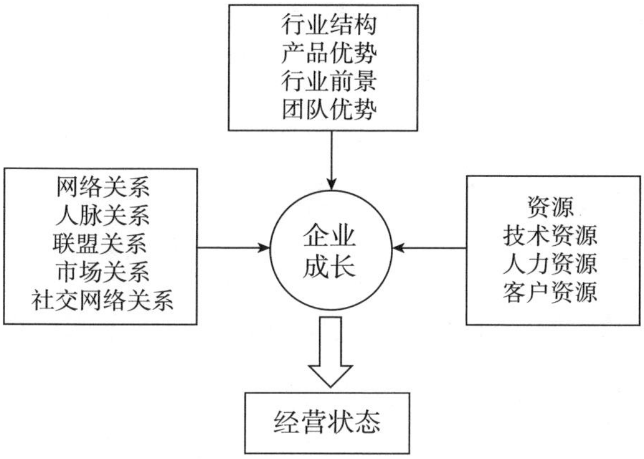

图 6.1　企业成长潜力分析框架

在这个分析框架下，如果企业从事的业务主要集中在一些新兴的“朝阳行业”，而这些行业的发展前景又比较乐观，尤其是那些被普遍认作“热点”“热门”的行业；企业拥有其他同行难以复制的独特产品，具有优秀的团队，拥有独特的知识产权或者技术，有优于市场的客户资源，以及行业相关机构或企业有牢固的联盟关系，那么这类的小微企业就可以被划分为高成长潜力企业。相反，如果企业从事的业务集中在一些相对传统的行业里，同时企业不具备独特的技术优势、团队优势，没有突出的客户、人力、人脉资源，那么这种企业就属于低成长潜力一类。两者之间的企业则是中等发展潜力的类型。

当然，这种行业上的大致划分和当前的经济、金融生态有关。随着数字经济的发展，消费、销售、生产、融资、投资业态都会逐渐发生变化。在数字经济时代，企业成长的路径也会大不相同，衡量企业成长潜力的标准也会随之改变。

6.2 中小微企业生命周期阶段分类

企业是有生命的。和任何生命体一样，它会经历诞生、成长、成熟、衰亡。最早把企业的发展和生物相比较的是经济学家阿尔弗雷德·马歇尔（Alfred Marshall）[6.1]。马歇尔在他 1890 年出版的《政治经济学原理》一书中把企业的兴衰过程和树木的生命周期做了比较。马歇尔以后的 130 年中，出现了大量的关于企业生命周期研究的理论，企业的生命周期有各种不同的分类方法。例如波尔丁（Boulding）[6.2]在他的书中把企业生命周期分为诞生、成长、衰落、死亡四个阶段。米勒和弗莱森（Miller and Friesen）[6.3]把企业的生命周期分为诞生、成长、成熟、再生和衰落五个阶段。卢瑟福等（Rutherford et al.）甚至把企业生命周期分成了十个阶段[6.4]。2016 年，史蒂文·汤姆和大卫·格瑞（Steven Tam，David Gray）[6.5]在研究中小微企业学习能力时提出，对于中小微企业，三阶段模型更为贴切。这三个阶段是初创阶段、高发展阶段和成熟阶段（Inception，High Growth，Maturity）。

在研究中小微企业的融资需求时，与汤姆和格瑞类似，我们采用的是三阶段模型，把中小微企业的生命周期分为初创、高发展和成熟三个时期。

初创时期：可以被认为是企业的婴儿时期，是企业生命周期的起始时期。这个阶段企业刚刚诞生，企业一般都很小，百事待兴。公司管理结构简单甚至有些混乱，运作相对灵活。这个时期企业的主要挑战是如何获取各种资源，以求生存。

高发展时期：在这个时期，企业已经取得了初步成功，闯过了初创时期的各种难关，有了部分资金来源，有了自己的产品、市场和客户，有的已经开始盈利或者有很大的盈利预期。

成熟时期：这个时期的企业已经经营了相当一段时间，企业的规模和结构趋于稳定。有固定的市场和产品，企业管理也走向成熟。

6.3　不同类型、不同生命周期阶段中小微企业资金需求分析

在了解了中小微企业的类型和发展阶段之后，我们再来分析中小企业的资金需求，就有了一个很好的框架和参照系统。我们根据不同的企业的类型及其发展阶段可以把中小微企业的分类用表 6.1 来表示。

表 6.1　中小微企业分类及资金需求性质

	初创期	高发展期	稳定期
高成长潜力	启动资金 原始投资 研发资金（大额、长期资金需求）	扩大规模所需资金（大额长期资金） 运营周转资金（短期资金）	运营周转资金（大额短期）
中等成长潜力	启动资金 原始投资 （视行业不同而变）	扩大规模所需资金（长期资金，视行业而变） 运营周转资金（短期资金）	运营周转资金（短期，视行业而定）
低成长潜力	启动资金（小额） 原始投资	扩大规模所需资金（小额中长期） 运营周转资金（小额短期）	运营周转资金（小额短期）

从表 6.1 中可以看出，不同类型的企业在生命周期不同的阶段，资金需求及资金用途有很大的不同。对中小微企业而言，目前可供它们选择的融资渠道和资金资源在很大程度上取决于企业自身类型、企业所处的生命周期阶段和资金的用途。例如，一个高成长潜力的企业在其初创时期，除了需要少量的启动资金之外将需要投入相当一部分资金用于产品研发。这类资金需求往往金额较大，而且期限较长。而对应的低成长潜力的企业，其初创期产品研发投入就会相对小很多，多数甚至不需要。对于中等成长潜力的企业而言，初创期资金需求将取决于企业所在的行业。例如从事制造业的企业需要较高金额的原始投资解决厂房、设备问题，而从事轻资产的行业这部分启动资金需求就会相对小很多。对于一家同样是高发展潜力的企业，在其高发展期需要很多长期资金扩大生产规模，同时也需要一部分短期资金维持企业运行。当这类企业发展到稳定期时，其资金需求将集中在运营周转资金上。一般来讲此类资金周期较短，单笔金额小而且需求相对频繁。

6.4　资金需求和融资方式匹配

在区分好不同类型、不同发展阶段的中小微企业融资需求后，我们需要就现有的中小微企业融资渠道对各类不同的需求进行匹配，找出融资渠道的缺失错配之处，从而抓住中小微企业融资难点中的难点，对症下药。

6.4.1　高成长潜力初创企业融资

高成长潜力的企业，一般是指那些创新型的企业，包括科技创新、商业模式创新和管理创新。这类企业通常集中在一些高科技行业，有自己独特的行业技术，有不错的技术资源、人员资源、客户资源或者合作资源。我们首先从风险投资者的角度来分析这类企业。从第 5 章的讨论我们知道，私募股权投资者和风险投资者关注的是企业整个成长周期中的一个阶段，这个阶段始于企业初创，止于投资者的资金退出（通常是企业上市或者被并购）。风险投资者通常把这个时间区间中的初创企业按照投资者的风险需求分为 5 个阶段：概念形成、产品研发（A 阶段）、初始营收（B 阶段）、营收成型（又叫早期阶段，C 阶段）、公司成型（晚期阶段、D 阶段，上市阶段）（如图 6.2 所示）。

图 6.2　私募股权投资和风险投资对初创公司成长阶段的分类

在概念形成阶段，初创公司对创办公司的方向形成了基本想法，对商业模式也有了基本考虑，但是公司的管理仍然处在非常简单的状态，产品、客户都还停留在纸上。这一阶段资金的用途基本是用来形成商业计划书、开展市场调研、研发产品和申请专利等。这一阶段的资金被称为“种子资本”或者“原始资本”，最常见的资金来源是创业者自己的资金和天使投资。

第二个阶段是产品研发阶段，这个阶段企业的主要任务是研发产品，建立商业模式，已经完成样品的生产但是还需要进一步优化。这一时期资金需求在于需要把想法和概念产品化，需要研发经费、市场开拓费用、生产费用和招聘一些重要岗位的管理人员所需要的费用。这一时期的资金被称为“初创资本”。资金的来源主要是初创时期有可能出现的自我积累资金（早期产品的销售或者其他公司营收，又叫作 Bootstrap Finance）、天使投资和 A 轮风险投资。

第三个阶段是初始营收阶段，在这个阶段，企业有了市场认可的产品，验证了最初的设想，但是现金流依然为负。这个阶段的资金主要用于扩大营销范围，提高生产效率，加强管理建设和运营能力。公司在这个阶段面临主要的两个关键要素：市场竞争和运营成本。这两个方面的执行和控制将决定企业能否持续健康成长，在这个阶段，产品形态、业务模式可能会根据市场竞争情况作出较大的调整，投资人将观察该阶段创业团队的管理、规划和应变能力。由于这个阶段投资者的风险有所下降，这个时期的资金来源主要是天使投资但有部分风险投资者有可能介入。

从上面的分析可以看出，对于高成长潜力型的公司，初创阶段最早面对的投资者是天使投资者。“天使投资”这个词起源于美国百老汇的一些有钱人对他们喜爱的戏剧演出投资。金融意义上的“天使投资人”一般指的是一些具有金融监管规定的相关资质的高净值群体。天使投资主要集中在高成长潜力型公司的早期阶段。根据美国新罕布什尔大学创业研究中心公布的数据，2019 年天使投资中大约有 37% 的资金是种子资金和初创资金。天使投资和风险资本投资在资本介入的时机上有一定的区别。天使投资通常会在初创公司的概念阶段就介入而风险资本投资则要晚一些，它们通常需要看到初创公司进入下一个发展阶段才愿意投资。

在完成了初始营收阶段之后，企业进入下一个阶段，营收成型阶段。在这个阶段中，企业开始有持续性正向现金流，公司的客户开始增长，公司的经营基本成型。在这个阶段企业的资金用途主要是运营资本、商业信用、扩大市场份额，新产品研发和开拓新市场。企业融资的主要方式是股权融资、商业信用融资和债权融资。对于高成长潜力的公司，企业在具有一定市场地位，要上更高台阶时，需要更多资金完成资源整合，战略布局，大多数私募股权投资者都会在这个阶段介入。

最后，企业进入公司成型阶段。在这个阶段，企业有了不错的营销业绩和财务指标，有了稳定的正向现金流。资金的用途主要继续支持扩张，优化资本结构。企业主要的融资手段是证券市场 IPO、股票市场融资或者债券发行。

高成长潜力企业融资和其他企业的主要不同点在于它们有机会得到天使投资、风险资本投资和私募股权投资者的青睐。但是，取得这些投资并不容易。首先，无论是天使投资者、风险投资者或者私募股权投资者，对企业所处的行业会有很强的倾向性。例如，根据美国新罕布什尔大学创业研究中心 2019 年发布的数据，2019 年美国天使投资高度集中在两个行业：计算机软件和医疗卫生，这两个行业的总投资共占全部投资的 62%（如图 6.3 所示）。

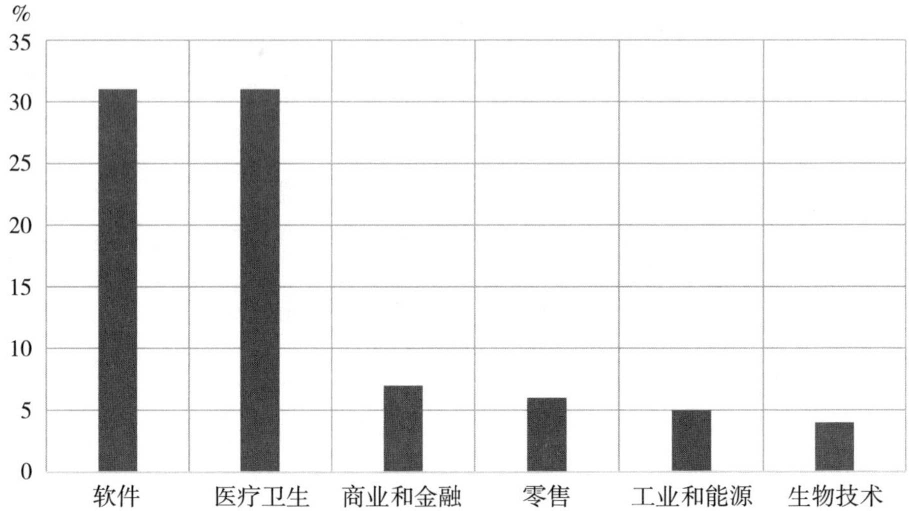

图 6.3　2019 年美国天使投资行业分布

（数据来源：美国新新罕布什尔大学创业研究中心）

中国的私募股权和风险投资行业也相对集中，例如，根据清科研究中心 2020 年 2 月的数据统计【6.7】，中国目前风险投资高度集中在信息技术、互联网和生物技术及医疗健康，这三个行业投资占总投资的 55.9%（如图 6.4 所示）。

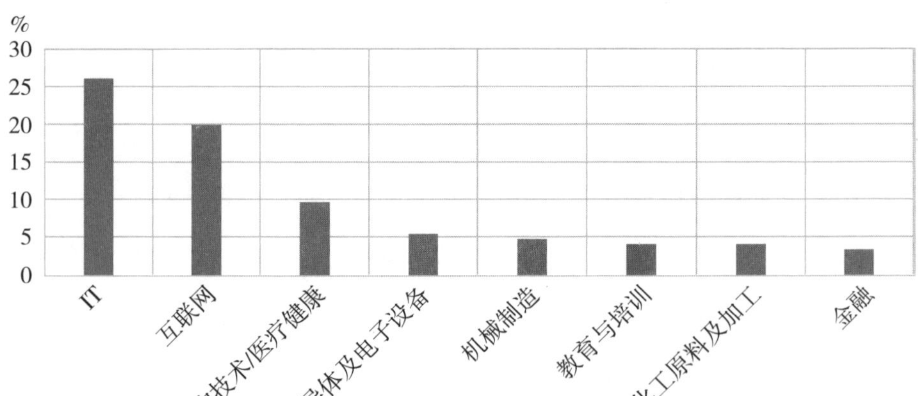

图 6.4　2020 年 2 月中国风险投资和私募股权投资行业分布

（数据来源：私募通）

其次，风险资本投资和私募股权投资人对初创企业的筛选非常严格。私募股权投资和风险资本投资机构对投资对象的筛选流程一般需要经过四个阶段：搜寻阶段、筛选阶段、尽职调查阶段和投资阶段。在搜寻阶段，投资人通常通过各种渠道收集项目信息，包括各类大赛、创业园孵化、行业推荐或者直接与创业者联系等方法收集项目信息。在第二个阶段，投资者会根据自己的一整套筛选参数从中选出他们感兴趣的企业。第三个阶段，投资者会对入选的企业进行尽职调查，最后才进入项目谈判、投资和投后管理阶段。在这个流程中，被投资企业淘汰率非常高，根据世界银行 2014 年发布的一份发展中国家私募股权投资和风险资本投资对中小微企业影响的研究报考【6.8】，仅有 5%~10% 的企业能够通过筛选进入尽职调查阶段，而仅有 2%~4% 的企业能够进入项目谈判阶段。也就是说，对于大多数中小微企业而言，获得风险资本投资和私募股权投资的概率非常之小。

6.4.2　非高成长潜力企业初创期融资

和非高成长潜力企业不同，中低成长潜力的中小微企业很多集中在服务行业，或者一些比较成熟的行业。这类企业一般很少涉及产品研发，即使有，研发的周期也很短。因此初创期资金需求也会相对少一些。由于很少能够获得风险资本投资或者私募股权投资，这一时期的企业启动资金通常来自个人投入、亲友资助、合伙人及员工集资和小额贷款。而一些资金要求较高的行业初创时则需要通过一些其他手段集资或者获得抵押贷款。这一时期的非高成长型企业融资相对比较困难。当企业进入启动期以后，一些服务行业的中小微企业很快就会进入市场试运行阶段，并开始有一定的现金流。这个时期的融资方式可能部分来源于自我积累或者预付款（例如服务储值卡等），一部分来源于个人投资或者小额贷款。当企业的商业模式得到市场认可，并且开始有正向现金流之后，企业融资的可能性也逐渐变大，有可能取得一些政策性贷款或者小额信用贷款。中小微企业分布各行各业，不同的行业各有自己的融资优势或者劣势。例如零售业中的电商可以获得电商贷，制造业中的中小微供应商有希望得到商业信用融资等。

6.5 企业长期融资和短期融资

当企业完成初创时期之后，将有两种可能：一种是由于行业变化、产品缺陷、商业模式不被市场接受，或者创业团队出现问题而走向夭折。另一种则是产品和商业模式得到市场的认可，企业逐渐走向正轨。成活和成型之后的企业面临两大挑战；提高运营效率和扩大规模。同样地，企业的融资需求也开始分化，主要有维持运营的短期融资需求和扩大规模、战略布局或者转型需要的长期资金需求两类。不同成长潜力类型的企业，根据各自的行业不同，这两类资金的需求也都各自不同。例如，一家信息技术公司，在商业模式和产品得到市场认可之后，需要急速扩大运营维护团队，对软、硬件进行扩容改造，并迅速优化管理团队，加强管理建设。而一家餐馆或者美容院门庭若市之后，也许可以维持现状或者再开几家分店。这两个企业在成长期所需要的短期资金和长期资金从金额到期限都大不相同。而维护日常的运营，则涉及已有员工工资、场地、水电、原料、运输、商务活动、生产设备维修等日常开支。一般情况下，维护日常运营通常需要短期资金，这类的融资需求通常有“急”“频”“小”的特点，即所需资金要得急，资金需求比较频繁而且笔数多和数额相对较小等特点，多数的资金需求期限以天为计，而且反复发生，单笔资金额小而且多变。而企业扩大规模一般需要长期投资，单笔资金金额数量较大，而且一般都和长期项目或战略性布局扩张相关，具有较强的可预测性。

短期融资：中小微企业最大的运营资金短缺来源于货物或者服务的回款账期。通常由于销售原因或者是下游经销商、核心企业的销售条件限制，中小微企业必须用赊销的方式经营。我们在上一章中讨论过，赊销的账期对货物的买方而言叫应付账款平均天数（Days payable outstanding，DPO），对卖方而言叫应收账款平均天数（days sales outstanding，DSO），也就是卖方从交货后到实际收到货款的天数。大多数的中小微企业在产销食物链上通常处于劣势。作为买方，中小微企业常常被要求预付货款，作为卖方又常常被要求赊销。因此，账期越长，下一轮生产的周期就越长，运营资金使用效率就越低。短期融资的目的主要是解决中小微企业运营资金的暂时困难从而缩短生产周期，提高运营资金的周转率。除了维持一定周转现金之外常用的短期资金来源为短期贷款、商业信用融资（包括商票融资和供应链金融）等。对于中小微企业，融资难的核心问题是其主体信用低。同时，作为增信可用的抵押资产而言，资金方（如银行信贷部门）通常更看好不动产，如房产、机器设备。由于一般中小微企业没有足够的不动产，使用动产作为增信抵押则成为中小微企业短融的必须选项。根据不同企业的实际情况，中小微企业短期融资的主要选择如表 6.2 所示。

表 6.2　不同类型中小微企业短期融资选择

企业类型	融资选择
缺乏信用历史或者抵押品的公司	保理、订单融资
高信用风险、管理不完善、不透明类公司	保理、订单融资
高速发展但是资金受限企业	订单融资、商业票据融资、信用贷款
拥有固定客户群并且无形资产占比较高	订单融资、知识产权抵押融资
大宗商品的供应商或者交易服务商	仓单融资、保理
电商中小微企业	电商贷

在现行的金融体系中，保理、应收账款质押融资、订单融资、仓单融资都是供应链金融的重要融资方式。保理（Factoring），又称保付代理，指卖方将其现在或将来的基于其与买方订立的货物销售/服务合同所产生的应收账款转让给第三方金融服务商——保理公司，由保理公司向其提供资金、对买方进行资信评估、销售账户管理、信用风险担保、账款催收等一系列服务的综合金融服务方式。保理业务和其他应收账款融资的区别在于保理服务提供方负责管理债务组合、催收基础交易项下应收账款。

如第 5 章所讨论，订单融资在国际上又被称为装运前融资。指由资金方根据订单为货物或者服务的卖方提供的、专门用于采购、制造或生产服务的贷款。仓单融资是一种基于存货的贷款。资金方以供应链中持有或存储的货物（已预售、未售或已套期保值的）作为抵押，为货物拥有方提供资金的融资方式。

商业票据融资又称商票（Commercial Paper，CP）融资是金融体系比较发达的国家中小企业的重要融资手段之一。一般情况下，商业票据有两种，一种是由信用资质比较好的企业或者银行签发的商票（CP），另一种是由信用资质稍差的机构签发的资产抵押商票（ABCP）。商票的金融功能很多，其中金融商票是银行间调剂短期资金流动性的重要工具，非金融商业票据是企业短期融资的重要手段之一。和国际上通行的以商业信用体系为基础的融资商票有所不同，中国目前的票据主要指的是《中华人民共和国票据法》管辖下的商业汇票，其中主要包括两种，银行承兑汇票和商业承兑汇票。中国票据的主要功能是支付，但对延期支付的承兑汇票持有方进行折价贴现时，汇票起到了短期融资的作用。

知识产权抵押融资指的是利用专利、软件著作权等知识产品作为抵押向资金方贷款。由于专利权等知识产权流动性差，变现相对困难，只有极少数银行对部分中小企业提供此项融资便利，而且一般需由企业法定代表人加保。尽管如此，对于那些拥有自主知识产权的优秀中小微企业来说，用知识产权抵押仍不失为一种融资方式。

长期融资：长期融资主要是为解决企业扩展、转型、升级等战略性行为提供资金支持。根据企业的实际情况，企业可供选择的长期融资方式各有不同。表 6.3 是我们根据不同公司的实际情况整理的处在成长期公司的可选长期融资方式。

表 6.3　不同类型中小微企业长期融资选择

企业类型	融资选择
高成长企业	
被天使投资者选中的初创公司	天使投资和股权众筹
创新型公司需要资金和公司管理技能，早期	
被险资选中的初创公司，在相对成熟阶段	风险资本投资
有较高成长潜力的公司，短期内可以获得较高回报	

续表

企业类型	融资选择
相对成熟、正在进行重构或者变更控制权的公司	其他私募股权投资
经营遇到困难但有希望翻盘、值得救援的公司	
创新型初创公司和高风险小公司	中小企业专属公共股票融资（科创板，新三板等）
管理规范、信息透明的公司	
中等或者低成长潜力公司	
企业能够满足证券发行所需要的信息披露和报告条件	企业债券
不愿意稀释股权或者控制权的公司	次级债券、担保贷款
有稳定营收、稳定现金流中型企业	私募债券
成熟公司发现成长机会需要融资	可转债
正在进行转型的公司	夹层融资
有资本结构优化或者改造需求的公司	收益参与贷款
有并购或者投资机会的企业	收益权抵押贷款
没有抵押品或者信贷历史的小公司	私人信贷
无法在公开市场融资的小公司	债权众筹 / 小贷

从表 6.3 中可以看出，高成长潜力的企业和中低成长潜力的企业可能采用的长期融资手段非常不同。一般而论，高成长潜力企业容易得到各类不同的股权融资，而中低成长企业根据各自不同的情况一般更容易得到债权融资。资质能够达到证券市场融资条件而又不愿意稀释股权的企业通常采用发行企业债、次级债券的方式进行长期融资。资质相对差一些的同类企业可能采取发行私募债的方式融资。处于成长阶段的企业，常常伴随很多转型升级、并购、资本结构优化和其他的战略调整。这一类的企业一般采用权益和债务混合类型的灵活融资方式，例如可转债、夹层融资、收益参与贷款、收益权抵押等。这类的融资方式有一个共性，就是预设了公司股权和债务的相互转化的条款。所不同的只是转

化的条件、选择权不同而已。以夹层融资为例，夹层融资是一种无担保的长期债务，这种债务附带有投资者对融资者的权益认购权。夹层融资一般设有一个夹层利率和投资者的目标回报率。一般来说，夹层利率越低，权益认购权就越多。对融资者而言，夹层融资是一种非常灵活的融资方式，对公司控制和财务方面的限制较少。对投资者而言，它投资的结构可根据不同公司的募集资金的特殊需求进行调整，而且它的风险介于优先债务和股本投资之间。对于有灵活性需求的投资或融资者来说，这类的混合债务不失为一种好的方法。

对于资质更差一些的中小微企业，可以获取长期融资的渠道就更少，通常是债券众筹、小贷或者是私人信贷。

从上面的描述我们可以看到：

（1）中小微企业的各种类型中，中等和低成长潜力的公司融资渠道要相对少很多。这类企业，尤其在其初创阶段，很难从目前存在的正规渠道获得资金。当然，从市场机制来看，这是可以预见的。这部分中小微企业违约倒闭风险最高，但资金回报预期又很低，因此不被资金方看好。不过这里需要思考的是：是不是每一个中低成长潜力初创企业的融资需求都应该得到满足？回答是否定的。初创企业存在的合理性需要经过市场的检验，企业家需要在市场的大风大浪中试错，只有市场才是一个最客观的筛选器。那么是否应该完全任之自生自灭？也不尽然。很多时候，出于缓冲经济下行带来的就业压力，各国政策制定者会鼓励社会劳动力自行创业，包括制定一些金融和税收方面的扶植政策、提供培训及其他便利等。一些大企业出于社会责任考虑，或者是因为政策的原因有时也会参与类似的扶植行动。

（2）相对成熟的中低成长潜力中小微企业，尤其是处于稳定期的中小微企业融资贵、融资难问题是最为需要关注的。这一部分企业通常已经在市场中站稳了脚跟，有自己的产品和客户，也有可行的商业模式，但是仍然面临巨大的融资困难。目前可供这一部分企业选择的融资渠道非常少，即使有，其门槛也相对高。这一部分企业最大的融资需求是运营资本，具有期限短、单笔数额小、需求频繁的特征。这类融资需求通常是企业在经营过程中由于赊销或者是预付款采购产生的。因此商业信用融资应该是解决这类融资需求的最佳途径。

换句话说，在中小微企业的复杂融资需求中，风险最小也是最值得用市场化手段解决的是成熟期中小微企业的运营资金需求。而解决这一需求的有效手段则是商业信用融资。

那么，商业信用融资的市场潜力有多大呢？根据国家统计局2020年10月公布的数据[6.9]，截至2020年9月末，全国规模以上工业企业应收账款余额为16.24万亿元。而用于融资的应收账款规模却只是这个总量的很少的一部分。例如，根据中国报告网[6.10]统计，2018年我国供应链金融市场规模仅为2万亿元左右。2018年以来，应收账款融资规模在强大的政策推动下，虽然有了很大的发展，但是离实际存在的商业信用融资市场潜力，还有很大的差距。这个巨大差距存在的原因，正是我们在前面章节中讨论过的刚性障碍——商业信用融资操作效率低下和行业缺乏有效、低成本的风险管控手段。

数字化创新是跨越这两条鸿沟，将商业信用这个优质信用水源引入中小微企业发展之田的栈桥。这一点，我们将在本书以下的章节里进行具体的讨论。

第 7 章

数字时代中小微企业生态

使人惊讶的是，无论你做什么预测，事实总是被低估了。最极端的预测都落后于现实。……预测未来的最好办法是创造未来。

——尼古拉斯·尼葛洛庞帝《数字化生存》

我们正处于这样一个时代。天堂之路和地狱之门同时打开，有的企业走向升华，有的企业走向衰亡。新兴的技术像潮水一般涌来，一浪高过一浪，我们要么被潮水淹没，要么在大潮中飞速前行。浪潮中，一个数字化时代已经在很大程度上改变了我们的生活，还将会继续使我们熟悉的一切变得面目全非。

7.1　什么是数字时代

数字时代（Digital Age）又被称为信息时代。按照牛津词典的定义，数字时代是“我们目前所处的时代，在这个时期，大量的事物由计算机处理，并且由于计算机的存在，大量的信息变得唾手可得”。数字时代也就是运用计算机将我们生活中的信息转化为 0 和 1 的过程，是信息领域的数字技术向人类生活各个领域全面推进的过程。数字时代是人类社会迅速从工业革命带来的工业化时代，演变成为基于信息技术的数字经济时代。数字时代是以计算机技术普遍运用和数字信息广泛传播为标志的数字革命的直接结果。如果我们把 18 世纪兴起的工业化进程称为第一次工业革命，把 1870 年到 20 世纪 60 年代出现的大量新兴行业例如石油、钢铁、电气化等称为第二次工业革命，那么从 20 世纪 70 年代到今天的数字化、自动化革命就是第三次工业革命。我们目前正站在建立在第三次工业革命基础上的第四次工业革命的起跑线上。这个革命的标志是工业机器人、纳米技术、人工智能、3D 打印、物联网、量子信息技术、可控核聚变、清洁能源以及生物技术等高科技的兴起和广泛运用。在这个新的起跑线上，以万物互联、万物感知、万物智能为目标的发展路径成为中国实现下一个飞跃、创造下一个奇迹的重要目标。

随着便捷的网络连接、迅速增长的算力、无处不在的移动互联网、个人计算机和智能手机的普及，新技术已经开始使现代社会结构和经济关系发生变化。如何赶上数字化飞奔的脚步，如何完成数字化转型？成为每一个政治家、企业家和学者都需要考虑的头号问题。

7.2 数字时代基因变异

数字革命为我们带来了什么？毋庸多言，数字化的结果将是工作效率大幅提高，生产、营销规模迅速扩大，生活、消费变得更加便利，成本不断下降。但是，数字革命带来的变革绝不仅仅是对原有各种商业关系的优化。数字化的结果将使经济体发生“基因突变”，在一些领域而形成全新的“物种”。这种变异主要来自两个方面：第一，数据带来的新型价值关系。第二，万物互联导致的网络效应（Network Effect）和网络外部性（Network Externalities）。

7.2.1 “数据经济”和信息化时代的新型价值体系

在数字时代，数据成了一种具有巨大价值的资源。有人说数据是“数字时代的石油”，虽然不完全准确，但有一定的道理。石油和数据的最大区别在于石油是有限的天然资源，而数据则是人为创造的无限资源。除此之外，数据具有可重复使用、可复制、可共享等独特的属性。除去这些特性，把数据比作数字世界的能源不无道理。在当今的经济发展中，数据已经成为可以和资本、劳动力相比肩的重要资源。由于数据在新型经济中扮演的角色，有人提出了一个新的概念：数据经济（Data Economy，注意：这里讨论的不是数字经济 Digital Economy）。数据经济是指从事与数据的产生、组织、分析、交换相关的企业从数据中获取价值的一个数字化经济生态系统。IBM 物联网数据主管阿尔伯特·奥费尔等人[7.1]2016 年提出过一个研究数据经济分析的框架，他们认为，数据将会在数字经济时代被逐渐货币化。数据本身将会作为一种战略物资参加交换或者交易。话虽然这么说，但是量化数据的价值是一件非常复杂的事情，这一方面是因为大宗商品有清晰的权属、明确的边界，而数据的产生者很多时候都不是数据的原始拥有者，不同的使用者从同样的数据中获取的价值各不相同。另一方面商品的消费会减低商品的价值，而数据的消费和共享非但不会减少数据的价值，有的时候反而会增加它的价值。例如物流公司的货运信息可以直接影响营销商的市场布局，而销售端客户对产品的投诉信息也许是产品生产者产品设计和改良的重要依据。信息在整个链条上的共享又会派生出很多附加价值，最终形成一套以数据为核心的价值链条（见图 7.1）。

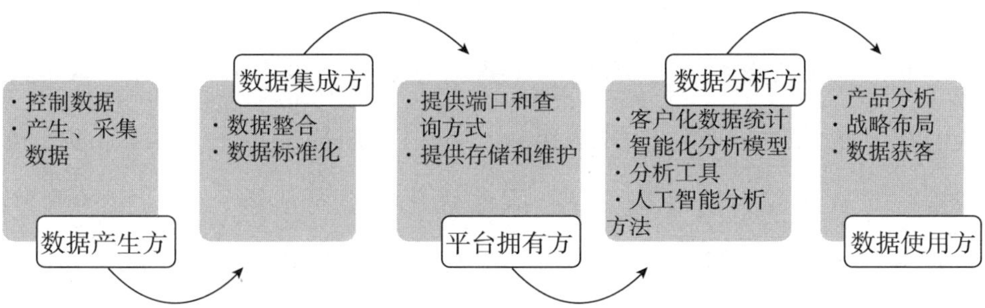

图 7.1 数据价值链条

这个链条上的公司都是数据经济的重要参与者，它们通过提供和数据相关的服务和不断提高数据的价值而获得利益。

数据经济（Data Economy）研究的是数据的直接价值，而数据的使用，还会带来很多的间接价值。例如，数据能够帮助企业进行精准销售，从而大大降低广告和销售等获客成本；数据能够帮助企业提高产品性能、服务质量从而增加客户黏性；数据能够帮助企业及早发现风险，提高风险管控能力等。

人们在数字化以后的生产、生活活动中将会留下大量的“数字足迹”。这些数字足迹包含着非常丰富的信息，使人们的行为在某种意义上变得透明化并且可追溯。这种改变将在很大程度上重构人与人、机构与机构、人与机构之间的信任关系，从而改变人们对“信用”的认识。例如，在传统金融中，企业的信贷分析仅仅依赖企业和金融机构发生的资金和信贷往来记录和企业的财务、税务报告。对中小微企业而言，尤其是没有信贷历史、规模较小的中小微企业，连这一类的数据都少得可怜或者难以获取和采集。而在数据化生态中，随着物联网技术的普及，随着大数据、云计算、人工智能的广泛运用，利用企业的数字足迹分析企业的营销状态、还款能力、信贷行为、商业信誉成为可能。这大大降低了中小微企业信用分析的不确定性和成本。又如，人们在日常活动中产生的数字足迹可以很好地描述他们对商品的需求和偏好，从而成为销售和产品、服务优化的重要依据，提高市场竞争的效率。在这个意义上，数据本身产生了一定的价值。因此有人说，数据是数字时代的重要资产。这个特征成为数字经济不同于传统经济的一个重要标志。

7.2.2 网络外部性

网络外部性（Network Externalities）是一个现代经济学的概念，凯兹（Katz）和沙皮罗（Shapiro）[7.2]在他们1985年的文章中详细地阐述过这个理论。网络外部性的雏形是网络效应（Network Effect）。网络效应最早起源于网络价值理论，简单地讲，就是网络的价值随着其节点的增多而增加。对于今天已经习惯了各种网络连接的人而言，这一点并不难理解。外部性（Externalities）在经济学中，是指一种消费或者生产活动对其他消费或者生产活动产生了不反映在市场价格中的间接效应。而网络外部性是指由消费活动产生的一种外部性。它使用户在消费活动中得到好处，这种好处不是由产品本身的价值提供的，而是由于别的用户消费了同样的产品而产生的。最简单的例子是通信设备和通信服务，例如一类只有很少的用户的通信设备的价值远远低于大多数人都在使用的设备。如果一个支付手段只有很少的人能使用，它的价值也会远远小于大多数人都在使用的支付手段，比如微信支付，如果没有如此众多的微信用户，仅仅作为电子支付的一个纯技术手段是不会有如此巨大的价值的。我们在前面的章节中讨论过，数字时代的商业形态将逐渐趋于平台化。平台化的重要驱动力正是网络的外部性。近年来，随着数字经济的发展，对网络外部性的研究非常活跃。对这个理论的详尽描述已经超出了本书的目标，有兴趣的读者可以参考吴泗宗和蒋海华 2002 年“对网络外部性的经济学分析”一文[7.3]。

随着互联网和移动互联网的普及，人与人之间的数字互联关系越来越紧密。随着云计算的大规模使用，企业之间、机构之间的互联关系也逐渐变得更加普遍。网络的外部性也成为企业发展战略的一项重要内容。

7.3 数字时代三个阶段

从上面的描述可以看到，数字时代是一个非常值得期待的时代。如何步入这个全新的时代呢？如果我们将一个企业迈进这个新时代的路径做一个分析的话，它应该被分为三个阶段：数字化阶段、信息化阶段和智慧化阶段（见图 7.2）。这三个阶段是企业必经的路径，也是衡量企业走进工业 4.0 时代的里程碑。

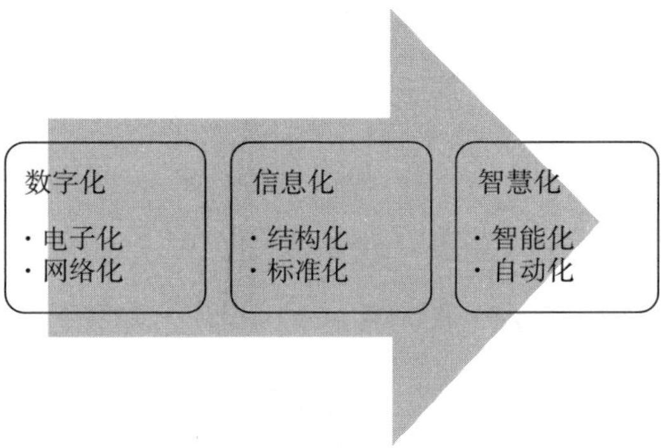

图 7.2　进入数字时代的三大里程碑

7.3.1　数字化阶段

在这个阶段，企业需要实现两个目标：第一，企业的经营活动和生产管理线上化。第二，企业与客户、市场、产业链、供应链上的相关合作伙伴的联系网络化。也就是说，在迈进工业 4.0 之前，企业必须完成工业 3.0 留下的所有作业。

企业所处的行业千变万化，但是运营流程和企业管理的电子化意味着企业拥有一套自己的企业资源计划（Enterprice Resource Planning，ERP）系统，用计算机管理自身的销售进度、库存状态、生产进程、运营管理、人力资源、财务分析和办公室日常工作。企业完成内部管理电子化的标志是内部完全消灭纸质流程。ERP 带来的直接好处是企业的管理效率大幅提高。例如，电子化的财务管理可以使企业的财务管理人员实时看到企业的财务状态，及时发现和规避可能出现的财务风险。电子化的生产流程管理可以帮助企业尽早了解生产瓶颈、实施解决方案并且观察其效果。当今的中国企业，无论其大小，或多或少都在一定程度上实现了电子化管理。计算机软硬件服务的社会化更是大大加速了这一进程。

第二个目标实现起来相对难一些，因为它还涉及很多外部的机构、企业和个人。由于移动互联网和智能手机的普及，今天的中国社会在通信和信息交流层面上已经基本实现了网络化。尤其是在客户交流方面，微信、微博、小程序等线上手段已经成为常态，资金支付也已经完全实现了电子化和线上化。但是企业的商业流程中还存在大量的孤岛，例如合同签署、物资流转等。尤其是一些涉及公共服务的领域，大量的业务仍然依靠线下流程和纸质信息流转。

7.3.2　信息化阶段

简单地把线下的信息转化成为 0 或者 1，只是完成了数字化过程。这些孤立的数据需要变成信息才能发挥其巨大的作用。信息和数据的区别在于数据是信息的原始状态，是它的载体和表现形式之一。数据和信息的关系可以用图 7.2 表示。

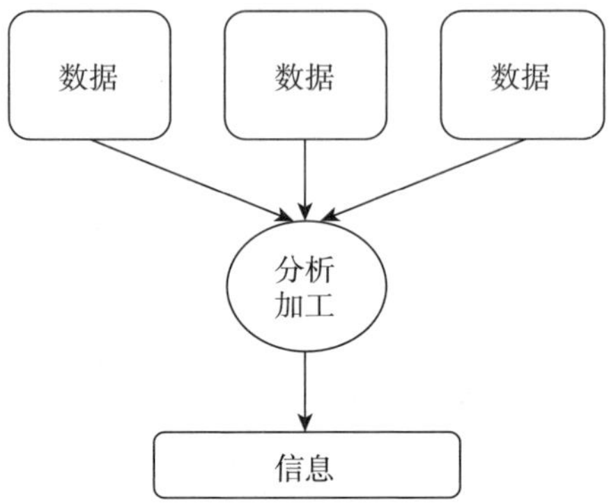

图 7.3 数据和信息的关系

在信息化阶段，企业也需要实现两个目标：第一个目标是数据的结构化。将非结构化数据结构化是实现信息化的第一步。它的目的就是把原始数据转换为计算机能够理解的形式。数据结构化的过程可以用一个例子来解释：如果我们把一个纸质的合同用手机拍照或者扫描的方法输入计算机，变成了一份电子文档，可以说我们完成了文档的电子化管理。因为它给文档的存储和查找带来了很大的便利。但是如果我们需要用这份文档时，虽然这份电子文档也是为一系列 0 或者 1 所代表，但是普通的计算机程序并不能理解合同的条款或者涉及的金额。只有经过一定的加工分析，把合同的内容分解为交易对手、涉及金额、商业内容类型、合同期限等字段后计算机才有可能使用这条信息。我们把这个过程称为把原始数据变成结构化数据的过程。如果企业拥有内部 ERP 系统，那么企业在日常活动中产生的大多数数据本身也许就是用库表、表单、计算机类（object）等形式存储的结构化数据。但是也不排除由于外部商务流程仍然在线下操作或者由于法律、法规等原因，部分数据仍然处于非结构化状态。

实现数据的信息化仅仅完成了第一步。信息的更大价值在于交流，而交流则需要信息交互的双方达成一套对信息结构的共识。在企业内部系统实现数据结构化应该相对容易，但是如果需要与客户、交易对手、合作方或者其他外部机构交换信息，问题就会变得困难很多。就好比如果一个中国人同另一个中国人交流，他们之间并不存在障碍，而一个中国人和一个俄国人交流，就需要其中的一个人懂得另外一个人的词汇、语法甚至语调和句式，要么用这两个人都能听懂的第三种语言交流。把结构化数据变成交流双方或者多方都能理解的形态的过程叫作数据的标准化过程。20 世纪 70 年代开始的第三次工业革命中不乏信息标准化的成功范例。例如，金融信息交换协议 FIX（Financial Information Exchange，金融信息交换）的诞生就是一个非常好的信息标准化的例子。

FIX 最早起源于 20 世纪 90 年代。当时金融市场的一些金融机构发现机构之间交易信息交流效率十分低下，因为每个机构都有一套自己的数据结构，参与市场的所有相关机构都必须把这些信息转换成不同机构能够自动识别的数据格式，费时费力还容易出错。1992 年富达公司和所罗门兄弟公司的一些股票交易员提议建立了实时股票交易信息标准协议 FIX，最终这个协议被所有市场参与者接受，还应用到了其他任何需要实时交易的金融产品上，有效推动了金融产品交易的数字化、电子化、高频化。目前 FIX 协议有 300 多家大型金融机构参与，这个协议已经成为全世界金融行业在交易前、交易过程、交易后甚至监管报告的标准数据结构。

从数字化到信息化飞跃的结果是效率的极大提高。不仅如此，它还将带来了质的变化。FIX 协议使金融产品交易的决策时间从数十分钟缩短到了几个微秒，彻底改变了金融市场的生态，派生出一个全新的行业——高频交易。同时，它还使交易执行完全算法化、自动化，使两种职业完全消失——股票经纪人和股票交易员。目前市场上的“经纪人”和“交易员”的称号还没有完全消失，但是在这两个头衔下工作的人要么是自动交易系统的操作员，要么是信息技术的销售员，负责教会和指导客户如何使用自动交易系统。

7.3.3 智慧化阶段

当整个产业完成了信息化变革之后，类似 FIX 的故事还会在其他行业重复发生。不仅如此，由于新技术的不断涌现，整个社会生态将会发生巨大的改变。例如，随着数据的产生、传输、存储技术的提高，数据无论从产生的速度、产生的方式、产生的数量，都超出了人们能够及时分析加工的能力。大数据时代的到来使得数据在提取、转换和使用的方法上发生了质的变化。这些新型数据分类、提取、转换、展示方法需要人工智能的高度介入。同时，云计算的兴起又给 20 世纪 50 年代就开始的人工智能研究注入了新的活力。大数据、云计算、人工智能不再是三个独立的技术，它们的融合，再加上智能终端（物联网）的不断发展，将在很多领域引爆革命。

企业的智慧化首先是建立在“万物互联”的基础上的。也就是实现全社会的网络化，在此基础上达到“万物感知”，彼此相连的“万物”能够顺畅地相互交流，这是数据高度信息化的结果，在此基础上，实现

“万物智能”，将使生产、管理、销售的高度自动化。

7.4　数字时代商业生态

数字时代的到来还将大大地改变目前存在的社会分工、产业模式和商业模式。这种改变首先是由于连通性带来的沟通效率改善推动的。随着数据的高度信息化则可能创造出一些新的价值体系，智慧化的结果将会导致一系列的商务关系重构，例如社交的商业化和商业的社交化以及产品、服务的个性化和社会化并存等。

7.4.1　数字革命带来的碎片化和平台化

万物互联的重要结果之一是大大地减小了客户与产品、服务提供者之间的沟通成本，同时也大大缩短了沟通—反馈周期。其实这个场景在很多电商平台已经成为现实。电商可以根据客户的浏览足迹了解客户的兴趣，同时也可以根据这些信息和一些通过其他大数据渠道获得的信息给客户画像，并根据这些画像为客户推荐他们可能感兴趣的商品。但是，这种类型的精准销售场景还仅仅是冰山一角。这些平台还可以通过商品评论、客服交流等方法收集客户对商品的反馈，从而更加精准地研制产品。这些都将带来客户需求的多元化、个性化和碎片化。随着 3D 打印等技术的不断成熟，使小批量、个性化生产成本大大下降。这又使客户直接参与产品设计变得可能。目前在服装、纪念品、装饰品、家居等方面出现的“私人定制”或者“私人客户化”的营销方式就是一个例子。

碎片化的需求将带来碎片化的生产。技术的快速迭代又迫使企业必须迅速改变组织形式，使企业本身的组织结构向碎片化转型。这种碎片化有可能是大企业的部门碎片化，也就是在保持大企业的品牌效应的基础上给下属的部门更多的经营自主权，使企业本身变成一个由多个中小微企业组成的联盟组织。另外一种形式是一些产品的研发、生产、销售进一步专业化、社会化，而企业则根据自身的优势进行不同的资源整合。这个新型的供求关系必将滋生大批的中小微企业，或者是联盟化的中小微企业。可以说，今天中国 99% 以上的企业组织形式是中小微企业，而在未来的数字时代里，这个趋势还会继续延续，中小微企业的数量会进一步增加。

高度信息化和供求碎片化的另一个条件是产业高度平台化。万物互联将沉淀大批的数据而拥有这些数据并有能力将这些数据转换成为标准化信息的将会是一些大型的科技平台公司，例如，今天美国的 FAAMG（即脸书、苹果、亚马逊、微软和谷歌）和中国的 BATJ（即百度、阿里巴巴、腾讯和京东）。这些公司目前手中已经掌握了大量的客户资源，积累了大量的数据并各自占据了很大的市场份额。它们实力雄厚，有很大的研发投入和基础建设投入。是数字时代当之无愧的先驱。数字时代基础设施中的很大一部分很可能会被这些大型互联网企业所垄断，而绝大多数中小微企业都会在某种程度上成为这些巨头的客户。其实在今天的中国的电子支付领域，这一点已经成为事实。在零售行业这一点也正在飞速地发展。

智慧化数字时代的另外一个不可或缺的成分是公共服务部门。公共部门的重要性反映在两个方面，一方面政府的各个职能部门，包括税务、海关、商务金融监管等是各种商业活动流程中的重要环节。另一方面是这些公共部门手中掌握着大量的核心数据，这些数据在数字时代产业和商业活动中是不可或缺的信息。所以说，公共服务的数字化、信息化对未来数字经济的发展起着关键的作用。目前，中国公共服务数字化正在稳步发展，电子口岸、电子税务、线上单一窗口服务等已经上线。信息化发展也可圈可点。很多地方政府成立了专门的数据机构，搭建了数据共享平台用于支持企业的数字化发展。全国各地方兴未艾的"智慧城市"建设标志着公共管理体系正在向智慧化迈进。

7.4.2　智慧化带来的商业关系重构

如果我们绘制一张未来智慧化商业生态圈图景，它或许会是这样的：

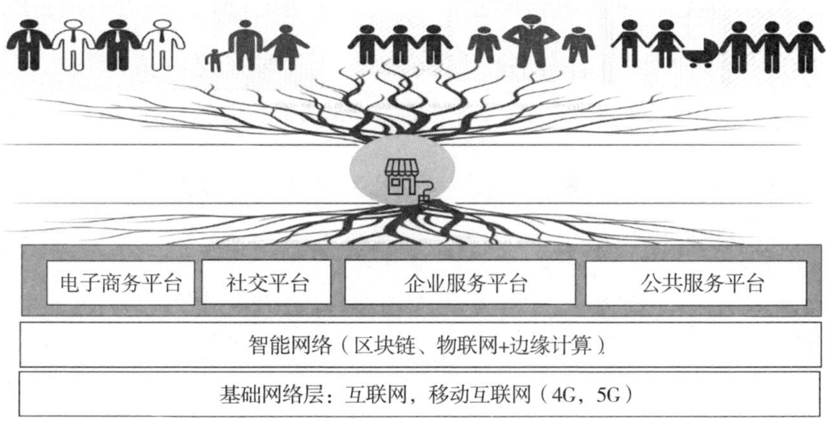

图 7.4　未来商业生态

这个生态圈的核心将是一个线上化了的中小微企业群。它的一端联系着消费者，另一端则由一些大中型机构和公共部门组成的各类平台作为支撑。

这个生态圈的最底层是互联网、移动互联网的基础网络层。它的上端是智能化的网络。智能化网络指的是具有一定的数据分析能力和其他特殊性能的网络连接。物联网的出现将大大增加数据产生速度和数量。传统的高层智能架构已经不能完全满足数据分析的需求。智能必须下沉到基础网络边缘才有可能处理由物联网产生的海量数据。以边缘计算为代表的智能网络成为一种新型的网络架构。智能网络的另外一个例子是区块链。区块链的广泛运用将使这项技术最终成为一类高级基础设施，这在我们后面的讨论中还会涉及。

数据时代的商业关系重构首先将发生在消费者和与之联系的中小微企业之间。销售和社交之间的界限变得越来越模糊，消费者同时也是销售者。销售社交化而社交将带上浓重的商业色彩。其实，这个转换实际上早已悄然发生。一个新的销售形式——社交电商已经至少存在了十多年。2005 年雅虎第一次使用这个词至今，社交电商已经成为数字世界不可忽略的一种有效销售渠道。2013 年借助微信平台兴起的微商开创了中国社交电商的新纪元。根据中国互联网大会 2019 年报告估算[6.2]，目前中国社交电商市场规模近 2 万亿元，消费人数超过 5 亿人，从业人员超过 4 000 万人，领跑世界。2019 年底开始的新冠肺炎疫情（以下简称疫情）全球大流行，给很多线下活动按下了暂停键。疫情不仅仅是一次人类健康危机，同时也是一场经济危机。其中受害最深的是广大的中小微企业。很多线下的小微企业濒临倒闭。另外，疫情隔离又迫使人们从线下社交、线下消费转为线上社交和线上消费。疫情隔离使社交网络成为很多人的信息来源和生活方式。疫情减退后，人们的线上消费习惯一般不会反转，还会继续延续，这给社交电商带来了巨大的发展空间。在中国，疫情引发了很多创新。例如电商直播异军突起，疫情期间主播、明星、公司一把手甚至官员，都纷纷走到镜头前，参与直播带货。电商直播俨然成为如今提振消费的又一动力引擎，也将成为未来推动社交电商行业进一步发展的提速器。2020 年 5 月 19 日，美国社交平台巨头 Facebook 宣布进军社交电商，推出 Shops 功能，数周之前，中国腾讯新上线社交电商应用“小鹅拼拼”，希望通过种草 + 拼团的模式攻占下沉市场。在疫情的推动下，社交电商进入一个全新的阶段。我们预期社交电商在完成了由于疫情推动的“井喷”式的发展之后，随之而来的将会是一种更加深层次的变化，消费将进一步社区化、个性化和碎片化。中小微企业也将变得更加细分化、专门化，它们一方面更加依赖各类平台或者其他社会化的专业服务，另一方面更需要具有自己独到之处，取得竞争优势。市场的参与者之间的身份进一步模糊，角色转换更加频繁。

数字时代将发生重构的除了商家和个人消费者之间关系外，对中小微企业而言，企业之间的关系也将发生重构。除了目前支撑电商和社交电商的平台之外，企业之间的相互关系也会发生演变。数字化使市场、客户变得透明，同时也使商机稍纵即逝。为了适应这种“机会—研发—生产—销售”周期大大缩短的新业态，开放式企业关系变得十分具有竞争力。也就是说，从横向看，在最贴近市场的一端，中小微企业集群式或者联盟式的商业模式也许将会成为主流。从纵向看，出于迅速转型的需要，企业采用社会化服务的动力也会增加。例如，除了目前已经存在并且在不断扩大的电商平台和社交平台之外，将会出现一类以 SaaS 服务为主要方式的企业服务的 2B 平台。它的主要客户将是中小微企业。云计算使各类企业线上专门服务成为可能。除了已经普遍社会化的财务服务、法律服务在很大程度上由线下转为线上之外，各种企业客户化解决方案服务、专项技术服务及其他诸如管理、销售、培训等各类服务也将以 SaaS 软件的形式惠及中小微企业。同时，公共服务部门也在构建各类线上服务平台、线上服务大厅等，以支持数字化中小微企业的发展和运作。

数字时代商业关系的重构可能出现在各类平台之间，各类数据通过智能网络层的规范和整合，成为不同的可用信息，提供各类平台使用。平台之间的数据关系将成为一类新型的经济关系。

第8章

融资数字革命上半场：互联网融资

时间虽然不能倒流，但历史随时都可以重演。

——梁宏达

金融，作为一个较早拥抱数字革命的行业，在中小微融资方面早已尝试过变革，有经验，也有教训。

数字时代不仅仅给中小微企业所处的产业和商业生态带来巨大变化，也给传统的金融系统和金融机构带来前所未有的挑战和冲击。金融，作为一个较早拥抱数字革命的行业，在很多方面早已实现了数字化。然而近年来在金融领域，科学技术正从早期的支持金融业务、赋能金融业务走到了引领金融业务和改变金融业务的前台。金融和科学技术的深度融合，创立了一门新兴的领域——金融科技（FinTech）。而金融科技和传统金融的角力又逐渐演变成为两者更深层次的融合。金融正在阔步走进一个崭新的时代，我们把它叫作新金融时代。

8.1　数字化带来的中小企业融资方式变化

事实上，数字化已经给中小微企业融资带来了很大的变化。互联网的普及催生了一大类新兴的金融——互联网金融。互联网金融是一个比较宽泛的概念，是指借助于互联网技术、移动通信技术实现资金融通、支付和信息中介等业务的新兴金融模式。互联网金融的主要功能包括互联网支付、网络贷款（P2P）、众筹、电商贷款和消费贷款，当前商业银行普遍推广的电子银行、网上银行、手机银行等也属于互联网金融。和中小微企业融资相关的主要是网络贷款、众筹、电商贷款三类。

8.2　网络贷款

最早网络信贷又被称为 P2P 平台贷款，指的是通过网络和中介平台机构匹配民间资金的需求方和供给方，达到信贷的目的。网络贷款对借贷方的门槛要求相对较低，对大量缺乏信用历史但资金需求量又不是太大的中小微企业来讲，网络贷款平台提供了一个可行的融资渠道。网络贷款平台还有一个大的优势是其信贷评估大多基于大数据分析，信息相对透明化。这对本身信用质量较差而又缺乏其他资产增信抵押、担保增信的中小微企业而言，信息透明度的增加可以对冲一部分由于信息不透明造成的额外的信用风险。因为在投资者眼中，信息不透明意味贷款者违约的不确定性增加，而这种增加常常会夸大借贷者的实际信用风险。

中国的网络信贷行业经历了一个“过山车”式的发展。根据网贷之家统计[8.1]的正常运营的网络贷款平台数据，我们可以把2007年拍拍贷上线开始到2019年底为止的行业发展划分为三个阶段：初始发展阶段，野蛮生长阶段和调整整顿阶段（见图8.1）。

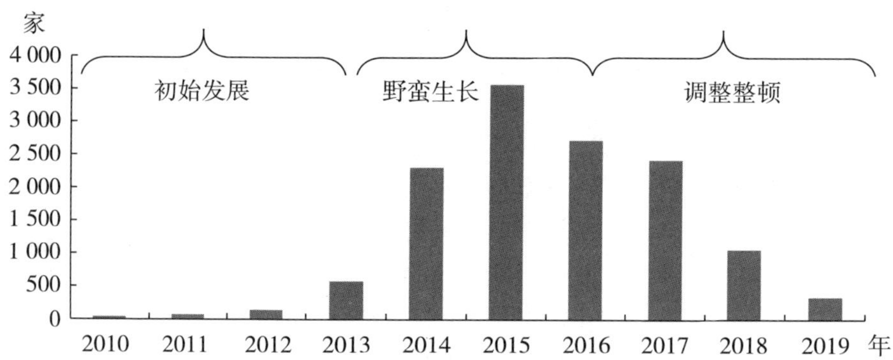

图 8.1 历年中国网络贷款平台家数统计

（数据来源：网贷之家研究中心）

在经历了雨后春笋般的初始发展期之后，中国网络贷款行业进入了一个野蛮生长的快速扩张期和狂风暴雨般的风险爆发期。由于网络信贷门槛较低，大量以监管套利和投机为目的人涌入市场，其中很多人根本没有金融信贷资质。2016 年之前由于监管缺失，网络贷款行业滋生了大量非法经营的问题平台，成为投机套利、非法集资甚至金融诈骗的高发领域。2015 年 7 月十部委发布《关于促进互联网金融健康发展的指导意见》，2016 年 8 月出台《网络借贷信息中介机构业务活动管理暂行办法》，明确要求网络借贷平台应在信息中介定位下，以小额分散为原则，服务小微企业、个体经营者和个体消费者，网络借贷步入调整整顿阶段。经过 2018 年和 2019 年的严格规范整顿，网络借贷从平台数量、贷款余额、成交量、借贷人数都大幅减少。2019 年，网贷行业正常运营平台数量下降到 343 家，比 2018 年底减少 732 家。2020 年底，中国 P2P 平台全国正式清零，曾经被各类参与者追捧的网络贷款成为历史。

总结网络贷款的教训，我们注意到，中国网贷业务和国际上的网贷业务有很大的不同。国际上网贷主要有两种模式，一种是在金融监管框架下的机构投资者通过网络贷款向一部分难以得到银行贷款的个人发放贷款，另一种则是个人投资者通过网络向中小微企业贷款。两者同是中小微企业融资的重要渠道。而中国的网贷行业有以下几个特点：

（1）发展迅速，参与人数众多。到 2018 年中国网络贷款出借人数为 1 300 多万人，贷款人数为近 2 000 万人。这个数字在 2019 年虽然下降了 40% 以上，依然是一个非常庞大的群体。

（2）如图 8.2 所示，中国网贷大多数投资者都是个人，大多数的借贷方也是个人。根据网贷之家 2019 年年报统计，2019 年中国网络贷款余额中，企业贷款仅占全部贷款余额的 9% 左右。

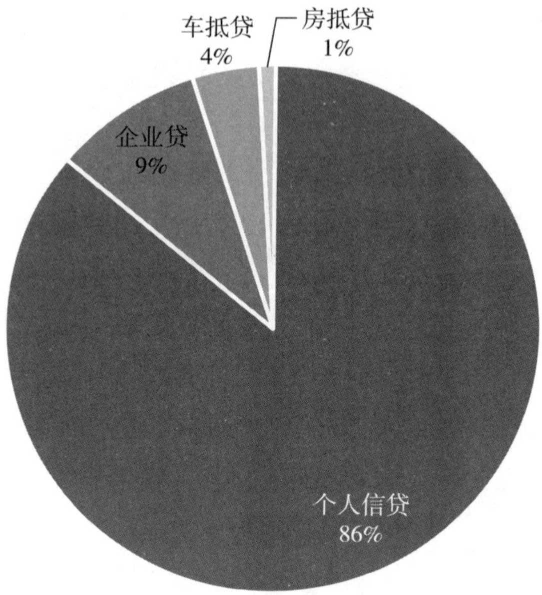

图 8.2　2019 年中国网络贷款业务类型分布

（数据来源：网贷之家）

（3）中国网贷金融基础设施发展相对滞后。从 2016 年开始，这个问题才开始得到逐步解决。例如从 2019 年起，网贷机构逐步接入征信系统，平台信贷行为进一步得到规范，网贷平台纳入国家实时数据报送系统等。

整个行业在经历了从鱼龙混杂到监管规范、市场出清的大起大落之后进入了一个规范发展的新阶段。在这个新的发展阶段中，大量的不规范平台被清除出场，剩下的平台公司正在根据监管的要求逐渐转型成为信息中介、信息服务公司。在信息中介定位下，行业向何处去？我们认为网络贷款平台应该严守信息透明化的底线，为线上资金方和融资者提供可靠的、及时的、高质量的信息。目前由于网贷业务参与者众多、交易细碎、需求复杂使得信用风险甄别、投资决策和风险管理成本高企，采取金融科技的手段提高金融信息质量、为资金方和融资方提供风险甄别服务还有很大的发展空间。在完善网络贷款平台定位和规范之后，只有大幅提高平台的信用风险、流动性风险、合规风险的管控能力，才能逐渐改变互联网贷款平台的业务生态，逐渐加大机构投资者、金融机构和中小微企业的参与程度，从“P2P”向“B2B”转化，建立起一个真正面向中小微企业的有效融资渠道。

8.3　众筹

众筹是一种为小微企业或创业者筹集资金的新型方式，从字面上看众筹即是大众筹资，特指筹资方（大都是中小企业）利用互联网渠道进行宣传推介，为企业项目进行筹资的活动。国际上比较知名的众筹平台是成立于 2009 年的美国创意产品众筹平台 Kickstarter。创业者将自己的产品或者服务方案在平台上提交，其中包括详细的项目信息，譬如拟定筹资目标金额，可以转让的投资或股权比例以及筹款截至日期等。该方案在众筹平台审核通过后，平台运营方在网上发布相应的项目信息与融资消息，投资者按照筹资者规定的时间投入资金。如果在截至时间之前达到了预期的目标金额，则标志众筹成功，投资者与筹资者签订对应的合同，众筹平台从筹得资金中抽取一定比例佣金。如果投资者参与程度不高，在项目截至期限内没有完成预期目标金额，则筹资不成功，筹资者不会收到资金，投资者已经投入的资金将被退回。对于众筹成功的项目，筹资者将根据合同生产产品或者提供规定的服务。

众筹通常适用于初创企业和相对小的项目，资金的来源是普罗大众，每个投资者投入的份额不会太高，是一种碎片化筹集资金的方式。虽然借助互联网平台，其融资效率相对很低但风险可控。众筹平台一共有三类，股权众筹、物权众筹和综合众筹。近年来中国众筹平台发展主要经历过三个阶段：2011—2013 年的萌芽起步阶段，2014—2015 年的爆发增长阶段和 2016 年至今的行业洗牌阶段。从在运营中平台数量走势来看，2016 年在运营中的众筹平台数量达到顶峰，共有 532 家。从 2017 年开始，由于监管趋紧各类平台数量开始大规模下降，截至 2020 年 1 月，根据众筹家网站统计[①]，正常运营的众筹平台已经下降为 66 家。虽然平台的个数大幅减少，但是众筹成功项目和融资金额却并未因此大幅减少。2019 年上半年项目成功个数较之 2016 年呈上升趋势，融资资金也相应增加。

8.4 电商网贷

电商贷又叫大数据金融，是一种具有很大发展空间的中小微企业融资模式。电商贷指的是资金方以中小微企业在电商平台上真实交易数据为基础为其提供免抵押贷款。目前电商网贷有两种类型，一类是大型电商例如阿里巴巴和京东旗下的金融公司利用自身平台上的大量交易数据为交易信用高的中小微企业放贷，例如蚂蚁金服旗下的网商贷就属于这个类型。从 2010 年开始，阿里巴巴就开始利用阿里小贷对其平台上的生态伙伴提供小额贷款，2015 年这项业务转至当年正式开业的蚂蚁金融

① 众筹家网站：http://www.zhongchoujia.com/。

旗下网商银行进行。网商银行是一个完全没有线下网点的互联网银行，它根据阿里巴巴生态圈里的大量交易和线上活动数据对中小微企业全方位画像，实时、动态分析企业的经营状态和营收预期，并基于这些信息对中小微企业进行预授信。借助于大数据、人工智能、云计算等先进技术，中小微企业申请贷款流程变得十分高效便捷，创造了三分钟申请，一秒钟放款的全自动流程，大幅降低了信贷运营成本，提高了资金周转效率。另一类电商网贷是金融机构根据中小微企业在开放型电商平台上的真实交易数据对中小微企业提供无抵押贷款。目前华夏银行、浙商银行、邮储银行和广发银行都有这类的信贷业务。在这类模式中，银行通常会和一些网贷公司合作，同时与第三方担保公司合作为平台内客户的贷款进行担保。

电商网贷的主要特点是：

1. 融资方必须是某个电商平台的客户，并且在平台上有交易记录。

2. 信贷风险评估很大程度依靠大数据、人工智能、云计算等金融科技手段。

3. 信息数字化、流程自动化程度很高，借贷过程高效简便，可以建立动态信贷关系，资金使用效率高。

电商网贷的局限性之一是获得电商网贷的中小微企业必须是电商。而这部分中小微企业目前在整个中小微企业群体中仍然是少数。

更为重要的是，电商网贷所依托的数据目前一般都掌握在大型科技公司手中，存在着科技巨头数据垄断从而破坏市场公平竞争机制，或者出现各种数据寡头行为，侵害公众权益的风险。这一点我们在第 13 章中还会详尽地讨论。

第9章
金融科技的核心技术

我们真正想要的是能够发挥作用的东西，结果技术应运而生。

——道格拉斯·亚当斯

用创新解决中小微企业融资难、融资贵问题的脚步并没有停下。金融科技四君子“ABCD”——人工智能、区块链、云计算和大数据携手出台，为数字时代中小微企业融资探索的下半场提供强大的驱动力。

如果说网络贷款、众筹、电商网贷等是数字时代中小微企业融资方式变革的上半场，那么这场大戏的高潮将出现在下半场——由金融科技推动的金融深层革命。

什么是金融科技，FinTech？如果纯粹为了炒作词汇，FinTech 这个复合词有以下几种可能的含义：

（1）服务于传统金融的科技手段；

（2）为传统金融机构提供服务的科技公司；

（3）以新科技形式（AI，区块链、互联网等）提供金融服务的创业公司。

我们把 FinTech 从字面上翻译成为"金融科技"，但从实质上讲，早期的 FinTech 更确切的翻译应该是"科技金融"。因为这个词最早出现时，它代表的并不是为金融服务的科学技术，也不是为传统金融服务的科技公司，而是由于科学技术带来的一个新型的行业。这类的 FinTech 公司最早起源于一些科技型创业公司，它们采用先进的科技手段开展一些相关的金融业务。这种运作模式在很大程度上是对传统金融的严重挑战。而经过最初阶段的对峙和变革，金融科技最终演变成为与传统金融相互融合、相互渗透的一门新学科，新领域。"FinTech"也逐渐进化成为包含以上所有三个内容的一个更为广泛的概念。新型的数字化金融业务正在慢慢浸入传统金融业务，而传统金融机构也在逐渐转型携手新的业务模式，有的甚至成为金融科技的领跑者。

金融科技变革的主要驱动力来源于以下几大技术领域：人工智能、区块链、云计算、大数据（AI、Blockchain、Cloud Computing 、Big Data）。这几项技术通常又被称为金融科技的"ABCD"。我们将在这一章的讨论中简单介绍这些核心技术基本含义和它们对金融的影响。在以后的章节中，我们会具体讨论它们对中小微企业融资的影响。

9.1 区块链

我们首先来看区块链。在经过了两次大的高潮之后，没有任何一个技术名词在中国的热度能够与“区块链”相比。今天的中国，区块链俨然已经是从政界、商界、大金融机构和小投资散户常常挂在嘴边的词。区块链之所以能够引起如此巨大的兴趣，除了这个技术的出现本身带有很大的神秘性和戏剧性之外，也许和比特币起落很有关系。但是区块链＋比特币对传统中心化的主权货币的冲击和影响不是本书的主要关注点，数字货币对金融行业和经济发展潜在的改变，也不是本章有限的篇幅能够涵盖的内容，本章仅将区块链作为一门技术来看，它在实际操作层面可能对金融带来的改变和影响。

从纯技术的角度来看，区块链技术可以被分为数据、网络、共识、激励、合约等几个层次（见图 9.1）。

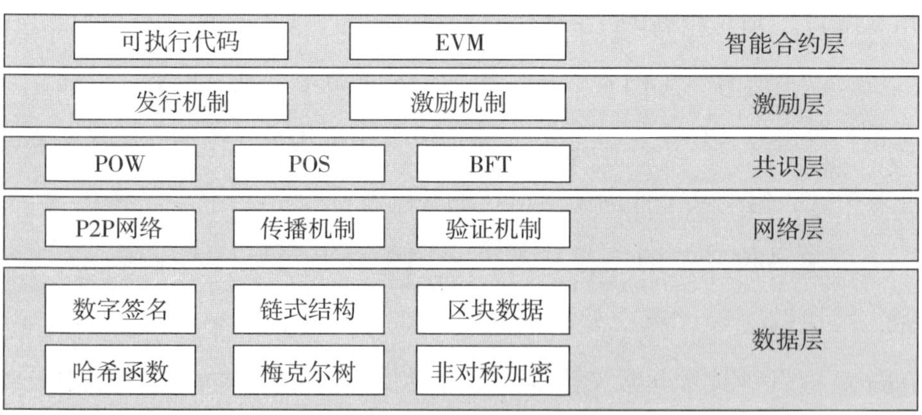

图 9.1　区块链核心技术分层

在数据层，区块链技术的主要应用是解决数据造假问题。造假来自三种可能：身份造假、内容造假和时间造假。假如一个人来到银行，手里拿了一张支票要求兑换现金。银行的柜员在给他支付现金之前，需要搞清楚三件事：第一，这张支票是否真实？也就是说，是否存在内容造假？第二，支票的持有者是否是支票的真正主人？也就是说是否存在身份造假问题？第三，即使支票持有者身份和支票本身都是真实的，还需要知道这张支票是否已经兑换过或者已经过期？这就是时间真实性问题。区块链技术利用哈希算法的一个重要特性，就是把任何数字文档或者数据作为哈希函数的输入，得到的都会是一个等长的“数字摘要”（通常是 256 位长）。而输入文件的任何改动，都将得到一个完全不同的“哈希摘要”。如果把这个数字摘要作为验证文档或者数据真实性的凭据，就可以有效防止对原来文档内容的任何篡改。区块链还采取了密码学中的非对称加密算法，采取双密钥的方法来验证身份的真实性。也就是说支票的真正持有者会同时发给银行柜员一个密钥，这个密钥只对支票真正持有者带来的支票解密，而别人带来的支票都无效。为了防止时间造假，解决数据溯源问题，区块链数据采取了“梅克尔树”的组织方法。也就是说，当一个区块链系统产生一条数据（我们把它叫作数据 0）时，我们把这条数据相应的“哈希摘要”叫作哈希 0，形成梅克尔树上的第一代节点。这时，如果系统产生了第二条数据（数据 1），同时也产生了和数据 1 对应的哈希摘要 1，哈希摘要 0 和哈希摘要 1 作为新的数据输入哈希函数，得到了另外一个“第二代”摘要：哈希摘要 01，简称哈希 01。如果系统此时又产生了两条数据 2、3，我们把对应的哈希摘要 2、3 作为输入，同样得到一个第二代摘要：哈希 23。如果把哈希 01

和哈希 23 作为输入，我们可用得到第三代摘要：哈希 0123……依此类推，我们可得到一棵“数据树”，这棵树的根部是最后一代的哈希摘要，最末梢是不同时间加入进来的数据。数据加入梅克尔树的时间不同，它在树的位置也就不同。我们可以通过数据在梅克尔树的位置追溯数据产生的时间。如果想改变它产生的时间，必须改变整个梅克尔树的结构和历史，这将变得非常困难。这个梅克尔树结构再加上一个数据索引结构便构成了一个数据“区块”。把这些“区块”前后相连，就成了“区块链”，这就是区块链的数据结构（见图 9.2）。

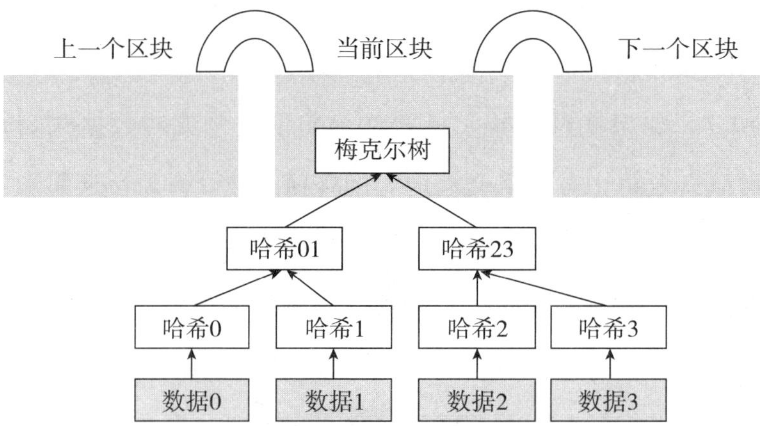

图 9.2　区块链数据结构

区块链的网络层主要解决数据的传输问题。在区块链系统中数据是通过一种类似“广播”的方式发送给网络中所有的节点。同时需要节点根据区块链的数据结构对数据进行验证。

在网络层之上是“共识层”。区块链采取各种不同的共识算法来解决记账权的问题。共识机制是区块链实现“去中心化”的主要技术。在区块链系统中，没有一个专门的模块或者节点“记账”，数据被广播到网络中所有节点，每一个节点都有一个“账本”，通过共识机制使所有节点对某一个节点记录的“账本”和数据达成共识，成为“权威”账本接入链条这个技术又被称作“分布式账本”技术。

而激励层则是和虚拟货币发行相关的一个机制，它的目的是使网络中所有节点都有参与记账的兴趣和动力，网络随机选举出下一个区块的记账者，从而杜绝中心化记账方式可能带来的不公平性或者造假。

智能合约是以以太坊为代表的“区块链 2.0”带来的一大创新。它的最大特点是可把事先达成的“合约”推送到区块链网络中的不同节点上执行。

除了数字货币带来的革命之外，以联盟链为主的区块链技术在金融的其他领域的应用越来越普遍。例如，分布式账本可通过大幅降低金融机构之间的对账、核查成本，提高资金流动效率。以区块链为底层金融数据交换机制，可通过大幅降低网络安全、数据防篡改等方面的成本，大幅提高清算、结算、支付效率。

区块链对中小微企业融资有什么影响呢？最大的影响应该是它有可能帮助中小微企业和金融机构之间建立起一定的数字信任。目前区块链在中小微企业融资领域应用最成功的是供应链金融中的应付账款授信流转和商业票据的存证、查证、验证。具体的应用场景我们在后面的章节中还会讲到。

9.2　大数据、云计算和智能硬件、人工智能

我们把大数据、云计算、智能硬件和人工智能（AI）四项核心技术

放到一起讨论，原因是它们之间有密不可分的联系，而且这种联系还在不断加深。例如大数据分析的需求促进了以机器学习为核心的人工智能分析方法的发展，而云计算的诞生又从算力上使这种分析变成可能。

9.2.1 大数据

大数据指的是超出我们常规处理能力的数据。美国著名管理咨询公司麦肯锡给出的定义是：一种规模大到在获取、存储、管理、分析方面大大超出了传统数据库软件工具能力范围的数据集合，具有海量的数据规模、快速的数据流转、多样的数据类型和价值密度低四大特征。换句话说，大数据之“大”主要指以下几个方面：第一，数量巨大；第二，非常多样复杂和不稳定；第三，产生数据的速度很快；第四，“价值密度”低。也就是说在数据中可供抽取的有效信息占比很低，存在大量的垃圾数据。

大数据分析方法和常规数据分析不同之处在于，常规数据分析方法只能对已经发生的事情进行分析，对事件进行描述。例如，从公司的销售数据得出公司在哪个地区销售额最大、或者过去一年中公司的某个产品盈利最多等。大数据分析方法则有可能对将要发生的事件进行预测。例如，哪个年龄段的顾客未来最有可能抛弃本公司的产品等，因此这种方法能够帮助企业提出解决问题的方案。

9.2.2 云计算

云计算实际上是一种分布式计算。分布式计算指的是当一个计算任务大到不能用一台计算机完成时，用网络中多台计算机完成同一项计算任务的计算模型。所谓“云”的概念，指的是采用虚拟计算机技术将网络中的物理计算机标准化并且虚拟化，同时采用中间件的方法完成复杂的资源配置、运营维护、负载均衡、网络数据管理等任务，并把这些功能用服务的方式提供给用户。因此终端用户可把整个计算机集群看成一台具有超大，甚至是无限算力和存储能力的“云”计算机展开自己的计算，无须知道真正的计算机在什么位置、是什么型号甚至有多少台计算机参与了计算。

所以说，云服务可以被看成一个计算机群和软件一体化的服务模式。目前云计算有私有云、公有云和混合云几类。私有云通常是大型机构内部搭建并且只满足企业内部计算要求的云服务。例如大型金融机构内部的云计算很多都在私有云上开展。公有云指的是面向公众的云服务，例如目前中国市场上的阿里云、华为云等都是公有云。混合云则是这两类云的混合使用。云服务也可用按照服务的层级分类，例如，仅仅提供基础设施的服务被称为 IaaS（Infrastructure as Service），提供基础设施和平台服务的被称为 PaaS（Platform as Service），目前大量的公有云服务指的是这类的平台服务。在云平台上搭建软件，为客服提供服务称为 SaaS（Software as Service）。

云服务，特别是 SaaS 的出现，对广大中小微企业而言是走向数字化的一条捷径。它不需要自己拥有一支完备的 IT 团队，不需要知道底层复杂的技术，只需要聚焦企业本身的业务，从而大大降低了数字化的成本，是未来发展很快的行业。

9.2.3 智能硬件和边缘计算

智能硬件也叫智能设备，通俗地讲，就是指具备计算能力的硬件设备。智能硬件通过软硬件结合的方式，使硬件设备拥有智能化的功能并具备相互连接的能力。我们每天使用的智能手机就是一个智能硬件。不同的智能硬件不断地在我们身边涌现出来，例如智能手表、智能汽车、智能音箱等。智能硬件之间用网络连接起来相互交换信息，形成一个巨大的“物物相连”的网络，也叫物联网。智能硬件的发展和云计算密不可分。也可以说，云计算解决“云”的问题，而智能硬件解决“端”的问题，只有二者结合，我们才能到达云端。

智能硬件、物联网产生的海量数据的云计算需求催生了一种新型数据分析模式——边缘计算。边缘计算（Edge Computing）是指在网络边缘执行计算的一种新型计算模型，它的出现和云计算、大数据密切相关。物联网时代“万物互联”产生的海量数据使传统的“先传输、后计算”的云计算模式不再能够满足应用的时延要求。边缘计算采用把计算、存储、分析等核心能力推送到贴近数据产生源头的网络边缘，采取“先计算，后传输”的模式，仅仅传输必要的计算分析结果，从而大大减低了网络数据传输的压力。需要明确的是，“边缘计算”指的是发生在“边缘网络区域”内的计算，而不是指数据的来源。也就是说，边缘计算的操作的对象主要包括来自万物互联服务的数据，但也可能包括来自云服务的数据。因此，边缘计算的“边缘”是指从数据源到云计算中心路径之间的任意计算和网络资源。

9.2.4　人工智能（AI）

通俗地讲，人工智能是“由机器和软件展现的智能”（基维百科定义）。它是研究、开发用于模拟、延伸和扩展人的智能的理论、方法、技术及应用系统的一门新的技术科学。人工智能是一门比较广泛的学科，它涉及计算机科学、心理学、逻辑学、哲学、语言学、脑科学、认知科学等多门学科。而我们在此讨论的仅仅是其中非常小的一个部分——人工智能在金融领域中的应用。

2016 年 3 月，人工智能程序 AlphaGo 以 4 比 1 战胜世界围棋冠军李世石，标志着人工智能一个新的高潮的到来，但这远不是这门学科的开端。人工智能是一门有半个多世纪研究历史的学科，2016 年以前已经有过两次大的起落。2010 年大数据、云计算时代的到来为人工智能注入了新的能量，使这门专注于算法的学科变成一门综合学科，正是大数据、云计算和人工智能算法的融合构成了现代人工智能的基本架构。我们把这个架构分成三个层次：计算智能、感知智能和认知智能。

从图 9.3 中可以看出，大数据、云计算是现代计算智能的基础，而和很多智能硬件相关联的感知智能又和大数据、云计算密不可分，而且，这种相互融合还在不断深化。例如边缘计算中很可能用到机器学习的很多算法，而它的计算的结果又很可能是认知智能中分析、决策的重要依据，认知智能计算结果反过来有可能是操纵指挥某一个智能硬件的信号。

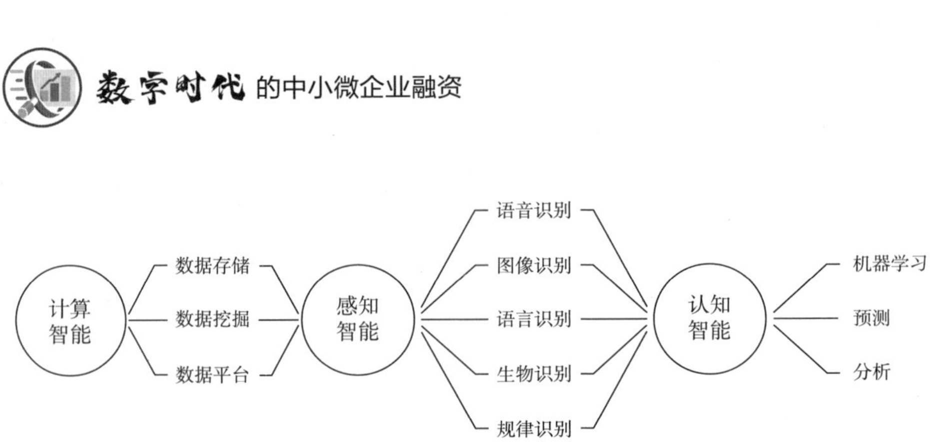

图 9.3　人工智能的基本架构

以上讨论的这四大技术构成了金融科技核心。近年来，这些金融科技在很多方面都有了落地成功的案例。例如，很多金融机构采用复杂的数学模型估算风险和进行情景分析，这类计算通常需要使用数以百计的大型云计算机集群完成。利用大数据评估客户的信用风险的技术也已经非常成熟。很多信用卡公司采用海量交易信息识别诈骗规律，管控欺诈风险也积累了大量的经验。在大数据的基础上采用机器学习方法进行行业分析、供销分析、大宗商品需求分析和投资热点分析也已司空见惯。

但是，这些仅仅是“ABCD”这四项技术对现有金融体系的支持和赋能场景。金融科技真正的强大动力其实蕴藏在企业和科技、金融和科技以及企业和金融的深度融合当中。这一点我们将在后面的章节中谈到。

第10章 金融科技助力中小微企业融资渠道扩容的具体路径

研究一种问题，若是没有具体的方法，就永远没有解决的日子。

——胡适

挖掘商业信用的巨大信用资源，利用科技手段解决信贷和商业信用融资的扩容痛点，利用数字化、信息化、自动化提高操作效率，利用人工智能降低风险控制成本，多管齐下、融合创新是推动供给曲线平移、用市场化手段解决中小微企业融资的有效途径。

未来金融科技的核心技术对中小微企业的融资将会产生什么样的影响呢？要回答这个问题，我们必须首先梳理中小微企业融资的主要痛点以及如何利用科技手段解决这些痛点问题。

在本书的 4.1、4.2、4.3 节中，我们讨论了中小微企业融资难的主要原因，是因为中小微企业是信用风险最大的一个群体。中小微企业信用风险大来自两个刚性原因，第一是因为中小微企业倒闭违约的概率较大，另一个是因为发生破产清算时中小微企业债务回收率相对低。除此之外，中小微企业融资难还有一些非刚性原因，如信息不透明。信息的不透明性增强了资金方对中小微企业的不确定性的认知，在很大程度上放大了中小微企业的信用风险。

在一个市场化的环境中，风险不会凭空消失，只能发生转化。同样的，在市场化环境中，每一个参与者都会尽量最大化收益、最小化所承担的风险。我们不可能也不应该期望市场参与者改变这种行为。正因为如此，全球存在数万亿美元中小微企业融资缺口，在中国民营企业、中小微企业融资尤其困难。既然风险不会凭空消失，解决中小微企业融资难就应该在风险的转化上动脑筋。

10.1　信用风险转化渠道

中小微企业信用风险转化的途径无非有以下几种：一种是将一个可能在短时间内集中爆发的大型风险事件转化成为一系列碎片化的、在相对长的时间内分散发生的事件，这个过程叫作风险分散化。举例说明：假定某一资金方拟投资 10 000 元，如果他可以一次性借给一家企业，期限为一年，也可以把钱借给100家企业，每次投资期限为30天。如果不考虑操作等其他因素，仅就信用风险而言，后一种方法的风险显然要小很多，因为100家企业全部倒闭的可能性要比1家企业倒闭小，而且即使100家企业中有一部分倒闭，它们在30天之内倒闭的可能性要比1年内倒闭的可能性小。退一万步说，即使其中有一部分在30天内倒闭，由于单笔贷款数额很小，损失的资金也将会少得多。

风险转化的另外一种方法就是用资产抵押。资产抵押的目的，就是将债务方的主体信用风险转化成为抵押品的资产风险。这好比在上面的例子里，资金方把10 000元一次性借给一家企业的同时，要求企业把一批价值10 000元的资产作为抵押，如果企业能够如期归还贷款，资金方将把资产退还企业，否则资金方将有抵押资产处置的权利。这个过程将资金方的债务人信用风险转化成为抵押资产风险。在这个借贷关系中，如果企业倒闭违约，资金方不会因此蒙受损失。资金方的风险来自抵押资产的质量、变卖资产的容易程度等。也就是说资产抵押把主体信用风险转化成了资产风险，而多数情况下，尤其是对中小企业债务人，资产风险要比主体信用风险小很多——一般情况下，抵押品带来的损失的可能性要小很多，抵押品的资金回收率要高很多。

风险转化的第三种方式是第三方担保。也就是说资金方把10 000元钱贷给企业时，要求企业具备第三方担保，这种担保可能是来自政府的担保基金，或者是市场化担保公司出具的担保。在这个信贷安排中，如果企业发生违约，资金方的损失将由担保方支付，如果企业没有发生违约，担保公司将获得一笔市场化的担保收益。

最后需要指出，增加中小微企业信息的透明度，尽量减少由于信息不透明带来的风险放大作用也是解决中小微企业融资难的一个关键步骤。

10.2　数字时代的信用风险转化和相关融资

首先我们来看第一种方法——风险分散化。中小微企业小额贷款就是一个典型的将中小微企业信用风险分散化的例子。在传统金融中，资金方把 10 000 元钱分别贷给 100 家企业会带来另外一种麻烦——管理成本会大大提高。10 000 元钱作为单笔 1 年期贷款发放给 1 家企业，银行只需在一年之内对一家企业办理贷款手续，维护一家企业的基本信息，对一家企业进行贷后管理和催款、还款管理。而把 10 000 元钱贷给 100 家企业，其中很多笔贷款还是短期的，那么银行的管理成本至少要增加 100 倍，甚至还要更多。这不仅意味着把信用风险转化成了操作风险，而且还将大大减低银行贷款的利润。数字化的出现为这个问题提出了有效的解决方案，由于所有的信贷和支付活动都在线上进行，资金方可用大幅提高信贷的管理效率来降低操作风险和成本。而且线上信贷还可以使企业的信贷历史透明化，在资金方和中小微企业之间建立起一种数字化的信任关系，有利于降低由于信息不透明带来的风险放大作用。

风险转化的第二种方式是抵押融资。可供抵押的资产一般有两类：动产和不动产。不动产指的是具有位置固定性的资产，例如土地、房屋、矿山等。对广大的中小微企业而言，不动产抵押的能力有限，更为常见的是动产抵押。动产是指能脱离原有位置而存在的资产，常见的可用于融资的动产有仓储、库存、有价值票据等。动产抵押有效地将企业的主体信用风险转化为资产风险，是目前传统金融中常用的风险缓释手段，也是未来金融科技在中小微企业融资中可以大展身手的领域。以仓储融资为例：仓储融资的最大风险在于交易及资产的真实性。例如2014年青岛港德正案就是一起典型的仓储融资诈骗案，20多家企业受到牵连，涉案金额达160亿元。据媒体报道，德正案东窗事发是因为其全资子公司德诚矿业将一批矿石货品存于一家仓库，却从不同仓储公司处出具了仓单，并利用这些仓单去不同银行质押获得融资，而且仓单与实际仓库有缺口，涉及10万吨氧化铝和两三千吨铜。作案者在三个环节造假：仓储公司，真实货物和仓单之间的对应，同一批货物重复融资。在数字时代，物流行业是最早进入数字化的行业之一。由于电商的发展，今天中国2C端物流已经变得高度透明化、数字化。从货物交易，到出库入库、周转运输、派送签收，交易、运输、库房状态的每一个环节都可以在线上实时追踪。这不仅仅给用户带来极大的便利，提高消费者参与交易的信心，更重要的是这种透明性让交易造假变得异常困难。如果企业之间的物流能够达到同等的数字化水平，这将大大降低仓储融资的风险，使诈骗分子无机可乘。高度数字化的结果还可以实时监控货物状态、市场状态，有利于控制抵押资产的其他风险。

还有另一类利用风险转化的融资方式非常值得注意，就是商业信用融资。我们在第5.5节章里讲到商业信用融资方式。商业信用融资的本质是中小微企业将自己的信用风险通过商业信用转化为“核心企业”或者是信用资质优于自己的交易对手的信用风险。我们可通过一个例子来看这个转化过程。假设企业A是一家小微企业，如果企业A向银行直接贷款，在银行拨付贷款资金之后，小微企业倒闭或者资金出现问题违约，银行将拿不到企业的还款，承受的是小微企业 A 自身的主体信用风险或债项风险（见图 10.1）。

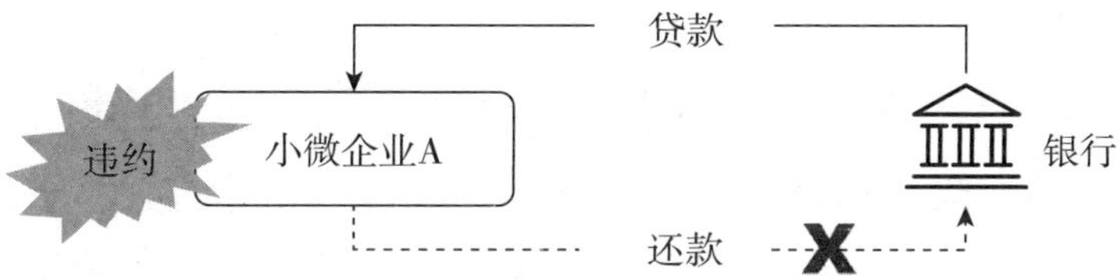

图 10.1　企业贷款的风险性质

我们再来看商业信用融资（见图 10.2）。假设小微企业 A 是某家大型企业 B 的供应商，小微企业交付货物之后，由于财务或者其他原因，企业 B 需要延迟付款。基于企业 A 和企业 B 的合作关系，企业 A 接受了企业 B 三个月后支付的应收账款。在这个交易中，企业 B 利用它对企业 A 的商业信用向企业 A 贷款。企业 A 是债权人，企业 B 是债务人。但是小微企业 A 急需现金完成下一笔订单，于是小微企业用它对企业 B 的应收账款向银行融资。

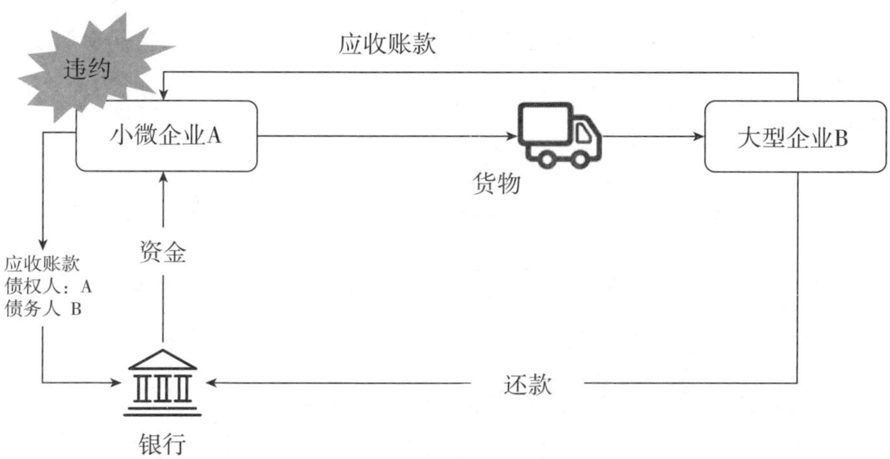

图 10.2　商业信用融资的风险性质

银行向小微企业 A 支付应收账款金额并扣除利息后，小微企业得到了它所需的现金，而银行则得到了向企业 B 追索债务的权利。在这个过程中如果小微企业 A 倒闭了，但是由于货物已经送到企业 B，银行的风险与企业 A 和货物都不相关，银行只是从小微企业 A 手中拿到了债权人的身份，它的风险只与企业 B 的主体信用和债项信用有关。小微企业 A 的信用风险被成功地转化成为大型企业 B 的信用风险。随着现代化的产业、贸易分工越来越细，大量的产业链、供应链上存在着这种大型企业和中小微企业的商业信用关系。随着数字化的推进，少数大型企业和成百上千中小微企业组成的供应链生态将会越来越普遍。因此，在数字化时代，商业信用融资有着极其广阔的前景。

信用风险转化的第三种途径是融资担保。融资担保是担保业务中最主要的品种之一，是随着商业信用、金融信用的发展需要和担保对象的融资需求而产生的一种信用中介行为。信用担保机构通过介入资金出借方与资金需求方之间，作为第三方保证人为债务方向债权方提供信用担保。在其业务性质上，融资担保具有金融性和中介性双重属性，属于一种特殊的金融中介服务。目前和中小微企业相关的融资担保有以下几类：

（1）政策性担保：政策性担保一般指的是各级政府为了扶持当地中小微企业的发展和实现政府的政策性目标，为一部分中小微企业提供信用担保，使它们能够顺利获得金融机构贷款的一种担保模式。

（2）商业性担保：商业性担保是在市场化机制下担保公司以盈利为目的、自担风险的一种担保形式。国内比较普遍的商业担保有两类：投资性担保和供应链金融担保。投资性担保对单一中小企业贷款出具担保，并且收取一定的担保费用。有些担保公司还会和企业签订期权协议，担保公司有权在期权有效期内购买一部分企业股权。供应链金融担保一般不针对单一企业，而是对供应链上核心企业和它的上下游供应商提供整体融资担保。

（3）互助性担保：一部分互助性担保是由行业协会等民间企业联盟自组织发起的，在政府支持和金融机构的帮助下以会员身份联合互助，相互提供融资担保。在数字时代，这类互助性担保更多的是出现在一些线上融资平台或者数字化供应链金融平台上，由入住平台的企业相互担保融资。

数字时代的融资担保也将发生深刻的变化。打通政务、银行、担保公司的数据壁垒，将在很大程度上使担保定价、风险识别、风险分担机制更加灵活精准；有利于推进银行、政府、担保公司三方合作的中小微企业担保增信机制，分散和缓释中小微企业信用风险，提高投资者的信心，拓宽中小微企业的资金来源。同样的，采用资产抵押融资方式，可以对抵押资产购买商业保险，进一步降低资金方的风险。同时对保险公司而言，对单一抵押物提供保险所需要承担的风险要小很多。

10.3　数字时代中小微企业融资痛点

显而易见，解决中小微企业融资困难的主要途径是转化、缓释中小微企业的信用风险。目前，数字化正在中国的各个层面迅速发展。数字时代的新型金融模式不断涌现。但是，为什么中小微企业融资问题依然没有得到实质性改观？新金融升级换代的主要障碍是什么？金融科技解决的主要问题又是什么？

10.3.1 诈骗：金融创新的大敌

数字化时代是一个创新的时代。解决中小微企业的融资难问题，需要多方面的创新，其中包括金融创新。回顾中国改革开放以来相对短暂的金融市场发展历史，我们观察到，很多时候，金融创新和金融诈骗犯罪一直同行。中国的金融监管在新生事物出现的早期一般相对宽松，可是这种相对宽松的环境常常会被坏人乘虚而入，打着金融创新之旗行违法犯罪之实。这种被“玩坏了”的金融创新比比皆是，造成了一放就乱、一管就死的恶性循环。互联网贷款就是一个典型的例子。在监管宽松的时期，三分之二以上的平台成为问题平台，而监管一旦收紧，整个行业立刻面临大幅萎缩，使原本能够为中小微企业服务的融资渠道逐渐干涸。供应链金融面临同样的问题，层出不穷的虚假贸易、虚假单据、虚假库存、虚假货物等诈骗融资大案成为阻碍行业发展的毒瘤。从根本上扭转这种局面，单靠监管的力量是远远不够的。在数字时代，金融科技应该成为防范欺诈风险最有力的武器。供应链金融流程的全程数字化、线上化、透明化本身，就可以在很大程度上防范欺诈风险。目前在这方面最典型的例子是中国的票据交易。中国的票据市场的发展经历过两个大的发展阶段。第一阶段是为解决企业之间三角债问题而发展起来的，以纸质票据为基础的传统票据市场；第二阶段则是在票交所成立之后逐渐发展起来的、以高科技为支柱的全国统一、信息透明、以电子化方式处理业务的现代票据市场。由于旧的票据市场没有全国统一的登记、托管、交易、结算机构，因此票据市场在不同地区、不同机构间出现实质性割裂，导致严重的信息不对称，不仅有效率低下、操作困难的问题，更突出的是非常容易产生挪用票据或挪用资金或者票据造假的风险。2016 年前后票据市场出现的一系列风险案件绝大多数都与纸质票据存在容易伪造、票款结算不同步等原因有关。针对这种情况，人民银行牵头建立了票交所，并发布了《票据交易管理办法》。实现了通过信用主体唯一化、交易主体多元化、交易标的标准化、票款结算同步化、合同文本统一化、票据托收无纸化等制度创新，使票据市场从区域分割、信息不透明、以纸质票据和线下操作为主的传统市场向全国统一、安全高效、电子化的现代市场转型。票交所成立以来，票据电子化水平快速提升，到 2018 年为止，电票承兑量占全部票据承兑量近 94%，贴现量占 97%[10.2]。高度数字化、电子化的票据交易市场既便于监管，便利企业，又杜绝了监管套利，降低了欺诈风险。根据票交所 2019 年的一项研究[10.3]，票交所成立以来，票据市场犯罪涉案金额从 2016 年的 2.8 亿元降至目前的 0.5 亿元，2015—2018 年的 53 起刑事案件中，仅有 2 起涉及电子票据，其余的 51 起都和纸质票据有关。可见，票据数字化在很大程度上降低了职务犯罪和诈骗风险。

要使数字时代中小微企业融资健康发展，必须防患于未然，先修篱笆再种菜。把防诈骗作为金融创新的一个重要内容。我们分析在中小微企业融资领域出现的诈骗案件，大致有以下几类：

（1）单据凭证及合同造假；

（2）融资、投资、担保人身份造假；

（3）抵押品、资产、银行授信重复使用；

（4）虚假贸易、虚假交易和虚假供应链；

（5）虚假仓储、虚假货物。

我们在第 9 章的讨论中提到过，区块链的应用可以有效防范文件真实性造假和身份、时间造假，因此是反欺诈的一个重要手段。正因为如此，区块链目前在供应链金融和一些其他金融领域得到了广泛的运用。根据万联供应链金融研究院和中国人民大学中国供应链战略管理研究中心[10.4] 2019 年联合举行的一项调查，在参加调查的供应链金融企业中，大约有 39% 的企业在不同程度上采用了区块链技术。当然，反欺诈单靠区块链技术是远远不够的。区块链技术只能保证信息上链之后很难篡改，很难在信息流通的中间环节造假，但是区块链解决不了信息上链之前的真实性，也解决不了贸易真实性的问题①。

虚构单证是一种比较直接的诈骗方式，涉事机构假造贸易合同和应收账款，并用这些假造的单证融资。

虚构贸易指的是在关联企业之间以虚假贸易关系，形成一系列交易合同和单证，这些单证被用来融资，骗取银行或其他金融机构的资金。在这种情况下，衍生出来的单证也许是真实的，但与之关联的贸易业务却是虚假的。此类诈骗在行业内时有发生，相对单证造假更为难以识别。

与虚构贸易中形成的虚假交易和资产不同，“一女多嫁”是根据真实的交易产生的单据，利用金融机构之间信息不互通的漏洞，涉事机构同时、多次向多家金融机构融资，从而增加了杠杆，放大了资金借贷

---

① 比较典型的案例是永兴国际涉嫌供应链诈骗案。

风险。

“自保自融”是在贷方要求借款方担保、质押监管等要求作为获得资金前提的状况下，用虚构担保人或监管人套取资金的做法。通常自保自融是在从事供应链融资过程中由紧密关联人为借款企业进行担保，或者由同一人或关联人实际控制的物流仓储进行货物质押监管，套取资金。

10.3.2　扩容：增加资产的流通性

解决中小微企业融资难，需要解决信用风险转化问题。在前面的讨论中，我们提到，信用风险转化的一种有效的模式是商业信用融资。利用商业信用产生的大量应收账款融资目前在供应链金融中有了广泛的运用，但是这个模式目前遇到的一大瓶颈是商业信用的容量问题。供应链金融是建立在一个长期积累起来的企业间相互依存、相互信任基础上的。换句话说，这是一个建立在“熟人社会”基础上的融资模式。商业信用是一个双边的信用关系，无论是由核心企业发起的对上下游中小企业的应付账款融资，还是中小微企业发起的应收账款融资，它的前提是存在中小微企业对核心企业的“赊销”。有人认为，赊销是一种大企业霸凌中小微企业的行为，其实这个问题要复杂得多。对于赊销买方（通常是大型核心企业），赊销的原因可能是多方面的，可能是财务流程的问题、经营效率问题、贸易模式问题等，而赊销的动机则是明确的，因为赊销可以提高企业的运营资金使用效率。对于货物的卖方，赊销的原因有可能是为了增强市场竞争力，也有可能是为了减轻库存压力。但是无论其动机和原因如何，这种信用只存在货物交易的双方之间。通常情况下，在一个供应链上，只存在于核心企业和它的一级供应商构成的一个小圈子之间。这样一个“小圈子”模式如果不扩容，用供应链金融解决中小微企业融资难问题可能产生的影响是相对有限的。

下面我们来看金融科技在商业信用融资扩容中所能起的作用。

扩容方法之一：信用流转。这个方法说穿了就是把供应链上一家核心企业的“熟人小圈子”扩展到“熟人的熟人”圈子，这样一层层沿着供应链垂直扩展下去。这个方法目前已经有很多成功的案例，而推动这个创新的正是金融科技中的区块链技术。

供应链金融的融资模式中有一大类是应付账款融资（反向保理）。应付账款融资和应收账款融资的相似之处在于它们都是基于作为供应商的中小微企业和核心企业之间的赊销。同一笔赊销，对供应商产生一笔应收账款，对核心企业则产生一笔相应的应付账款。它们之间最大区别是融资的发起方不同。应付账款融资是由买方（核心企业）发起的，由核心企业以自己对上游供应商的应付账款作为授信凭据对供应商提供融资帮助。从风险的角度看，传统的应付账款融资的买方和卖方关系没有改变，债务方仍然是核心企业。由于债务方同时又是融资发起方，在这类供应链金融的应付账款融资中不存在应收账款融资中确权困难，核心企业不配合等问题。所以，这类融资模式的风险比应收账款融资还要小，是所有供应链金融融资模式中风险最小的产品。

传统应付账款融资的痛点是：应付账款授信只能流转到一级供应商，而处于供应链末端的二级、三级乃至 N 级供应商很可能正是更需要运营资金的中小微企业。由于应付账款类融资风险相对容易掌控，实施也比较简单，此类融资场景成为目前金融创新最为集中的领域。近年来出现了一批应付账款多级流转平台，其中以 TCL 简单汇、中企云链和壹诺金融比较突出。授信多层流转原理如图 10.3 所示。

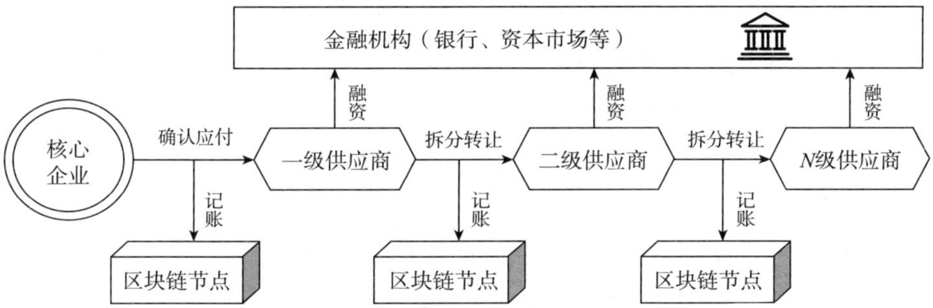

图 10.3　供应链融资授信多层流转模式

整个流程首先由核心企业确认对一级供应商的应付账款。该账款的债务人是核心企业，通常是信用比较好的大型企业。区块链平台将确认过的应付账款转换为电子信用凭证。电子信用凭证和区块链通证作用相似，具有可拆分、可交易的特性，因此可以在平台的各级供应商中流转、交易。而在银行和其他资金提供方眼中，因为电子信用凭证的债务方是应付账款的持有方，即核心企业，其信用风险可控，所以可以根据这些电子凭证放心放款。这样，在供应链这个闭环中，各级供应商之间的资金、账期需求就可以通过电子信用凭证流转进行市场化灵活调节。银行的资金甚至可以通过这类电子信用凭证的流通到达供应链末端的中小企业。因此，核心企业、一级供应商所能获得的剩余资金资源也得到了比较充分的利用。电子信用凭证的多层流转把商业信用融资从一个直接的熟人小圈子扩大到 *N* 级供应商的大圈子。而且在有效期限内多次流转，在有的平台上，数字信用凭证的流转次数达数百次之多，大大提高了信用的使用效率。

在资金和信用凭证都在同一条供应链上流动的情况下，从银行的角度看，这种授信拆分方法风险来源单一，仅为核心企业的信用风险。而核心企业的信用风险是所有商业银行最愿意承担的、最常规的风险。只要解决了电子信用凭证的真实性和多次拆分流转后的可溯源性，这项供应链金融创新对银行来讲风险较小，而区块链恰巧提供了解决拆分和流转两个问题的最好技术方案。所以近年来授信多层流转成为区块链落地的最佳场景，也是目前供应链金融行业普遍采用区块链的重要原因。必须指出的是这个方法的缺陷在于它仍然没有完全摆脱以一家核心企业为主的 1+N 融资方式，并非一个完全平台化、开放化的融资方法。

扩容方法之二：增加资产流通性。无论是动产抵押还是供应链金融，要扩容，必须解决资产的流通性问题，也就是说，资产的“可替代性”（Fungibility）问题。如果一笔资产只在交易的双方之间存在价值，而对别人不存在价值，那么它的“可融资性”就会低很多。例如一家供应商专门为一家组装特殊设备的大型工厂生产配件，而同类的工厂仅此一家。由于除了这家特殊设备工厂，这种配件的价值难以被其他投资者认同，因此用这种配件作为抵押品去融资的可能性就要比用其他通用性好的资产——例如汽车或者贵金属要小很多，也就是说，这种配件资产在市场上的流通性较差。但是如果生产配件的工厂用买方——设备厂对自己的应收账款去融资，情况就大不一样了。因为对大型设备厂而言，市场有比较完善的信用评估体系。在投资者眼里，供应商对该厂的应收账款，和该厂发行的企业债类似，在市场上可以自由流通，而且和该厂的其他应收账款或者债务互相“替代”或者“对冲”。也就是说，供应商对核心企业的应收账款，是一类替代性非常好的资产。

有一点需要说明，我们在讨论数字时代商业信用融资时需要解决资产的流通性问题，并不意味着“熟人社会”就不重要了。恰恰相反，我们必须找到一种方式，完整地保存和支持这种“熟人”价值，因为它是商业信用的基础，同时也是供应链金融防范风险的重要手段。这一点在后面的章节中还会提到。

10.3.3　效率：科技带来的最大红利

如果说应收账款融资是一种最有潜力的中小微企业融资方法，那么为什么目前供应链应收账款融资占整个中小型供应企业应收账款的比率很低呢？分析起来主要原因有以下几个方面。

（1）中小微企业的应收账款存在“短”“频”“小”“杂”和金额小、期限短、次数频繁、类型复杂几大特点。要对几亿元资金规模的应收账款一一进行查证、验证处理，需要投入大量的人工劳动，成本非常高，操作风险很大。

（2）金融机构立项、登记、打包、审核等流程需要的时间相对很长，而小额应收账款的期限又相对短，很多远远短于走完融资流程所需要的时间。

（3）发起融资的中小微企业成分复杂，有很多管理不规范的情况，确权相对困难。

由此可见，增加资产流通性需要解决的一大问题，就是操作效率问题。而解决操作效率最有效的方法，就是依靠金融科技的力量走线上化发展的道路。

例如，区块链的分布式账本在很大程度上可以解决应收账款确权困难的问题。传统的做法是当供应商拿着核心企业的应收账款融资时，除了需要到中国人民银行征信中心动产融资统一登记公示系统登记公示之外，还需要向核心企业对该笔账款进行确权，如果账款涉及跨境贸易，还需要到海关核实贸易的真实性。如果以上这些机构之间存在联盟链，那么业务流转的每一个环节都可以自动存证，应收账款在产生时就会被同时记入链上所有节点的分布式账本中，可以完全免去确权环节。人工智能和大数据可以帮助机构交叉验证、查证。链上关键信息的云存储则可以将应收账款和与之相关的商流、物流、信息流数据变得完全透明化，帮助金融机构甄别供应链金融资产，管控风险。因为要在海量的应收账款中甄别出优质资产，同时还要开展海量贷后管理、收款管理，没有数字化、自动化的流程，信贷成本、决策成本和操作成本都会非常高。可以这么说，数字化、自动化、智能化管理是应收账款融资的刚性条件。在这个领域中，金融科技“ABCD”的落地是刚性需求。

第 11 章

数字时代融资方式的创新

创新有时需要离开常走的大道，潜入森林，你就肯定会发现前所未见的东西。

——贝尔

数字时代的到来，不仅仅为我们提供了一套有效的方法以解决长期以来困扰我们的中小微企业融资难、融资贵问题。更为重要的是它将从根源上改变整个社会、整个行业的生态，从而导致信贷关系的重构。这种商业模式、金融模式的重构将更进一步降低中小微企业融资的风险，从而降低融资成本，形成新的市场供需均衡。

我们在第 10 章中讨论了数字时代金融科技如何解决当前中小微企业融资渠道扩容这个难题中的难题。毫无疑问，金融科技是解决目前中小微企业融资痛点的最有希望的途径。然而，这仅仅是个开始。数字化时代产业、商业生态的进化还刚刚开始，随之而来的金融变革也将逐渐进入人们的视野。变革的起爆点正在形成，这种变革有可能最终成为质的变化——它不再是对原有资源或者渠道的补充，而将会滋生出一种全新的融资方式。这个引爆点不是在某个孤立的领域，或者某一项独立的技术，而是在今天的边界处，在金融、科技、供应链管理、企业数字化的结合界面上。它带来的影响与这些交融的深度有关。

11.1　数字时代产、销、融：一只数字羊的融资之旅

在这个充满了创新的时代，出现了太多的术语、热词和很多热衷于创造、编织甚至炒作这些词汇的各种人物。这些新颖时髦的词虽然激动人心，但是大多数对揭示事物的内涵毫无帮助。在创造出一个新词来表达数字时代的这个变化之前，不妨先用一个真实例子来展示它的内涵—— 一只羊的故事。

这个创新模式由阿里巴巴旗下的蚂蚁金服首创。2016 年，蚂蚁金服与中华保险等保险公司、蒙羊集团、科尔沁牛业、易果生鲜等农业产业链上的龙头企业，以及自家的淘宝农资、天猫商城等平台，以“互联网信贷 + 保险 + 龙头企业 + 电商”模式，为大型种养殖户提供从贷款融资到最终产品销售的全套金融服务。这类产融销融资流程如图 11.1 所示。

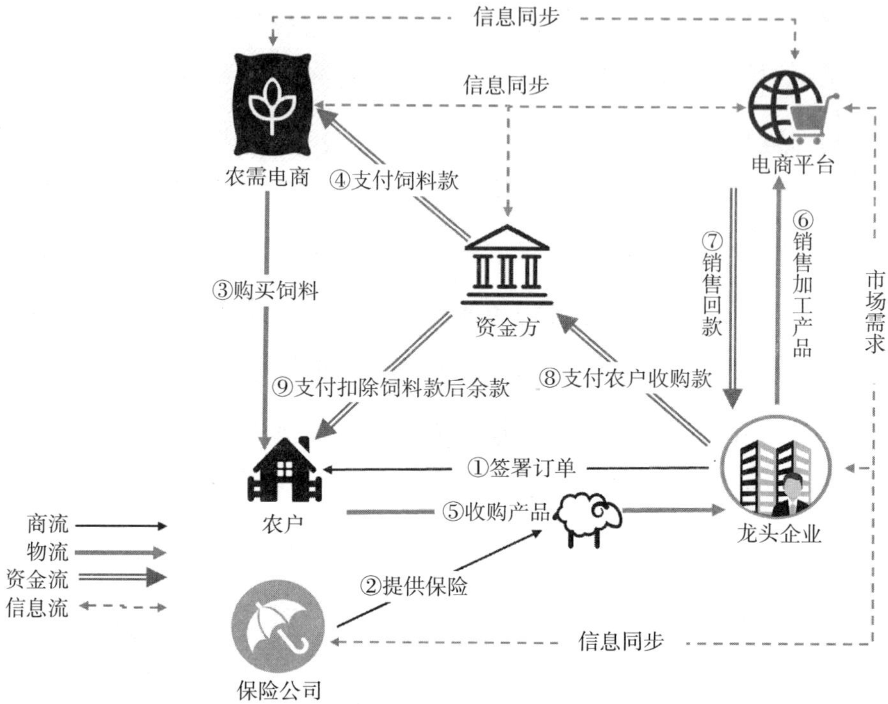

图 11.1　农产品产融销闭环金融服务流程

基于电商平台的信息优势，平台掌握消费者需求信息和销售渠道。平台挂钩龙头企业作为主要供应商，蒙羊集团作为优质羊肉供应商，负责提供包括天猫商城等销售渠道的优质羊肉。商流、物流和资金流可以分解为以下九个步骤：

（1）蒙羊集团和大草原上的养殖户签订了购销合同，养殖户承诺羊出栏后将按合同要求的质量、数量的羊卖给蒙羊集团；

（2）养殖户从保险公司购买保险，以防天灾人祸造成的损失；

（3）养殖户向淘宝农资购买饲料及其他生产必需品；

（4）由蚂蚁金服以贷款的形式垫付购买款项，同时，淘宝农资把养殖户购买信息同步到龙头企业；

（5）羊出栏后，龙头企业向养殖户收购羊并将肥羊加工成食品，提供给天猫商城；

（6）天猫商城将食品销售给消费者；

（7）天猫商城支付给龙头企业销售款；

（8）龙头企业将养殖户羊收购款打到蚂蚁金服；

（9）蚂蚁金服扣除贷款后，将余款支付给养殖户。

我们来对照一下传统的产、销、融模式（见图 11.2）。

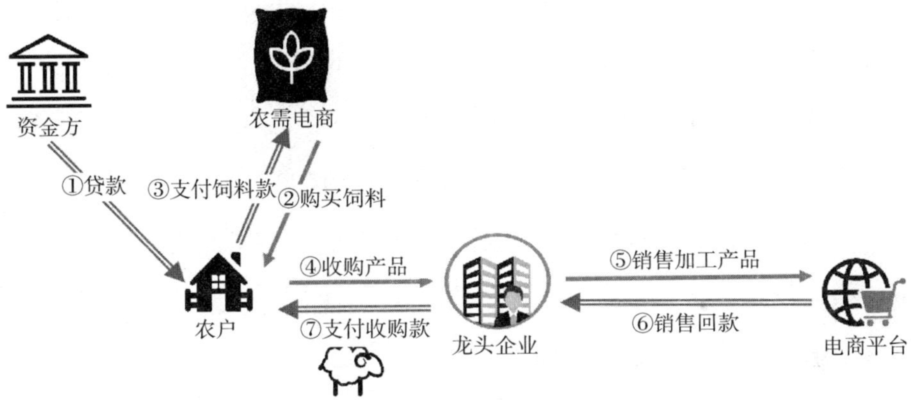

图 11.2　传统产销融模式

传统模式中，养殖户首先需要向银行贷款承诺卖羊后还款；然后用贷款向农资公司购买饲料等生产资料；等到羊出栏时，把羊卖给龙头企业加工成市场需要的产品推向市场。为了提高销售竞争力，养殖户也许愿意赊销，等龙头企业拿到市场销售回款之后再将卖羊的款项支付给养殖户。在这个模式中,. 商流和资金流都是双边单向的。作为出资方的银行，面对以下几点风险：

（1）养殖户家里出现经济困难，把买饲料的钱挪作他用，结果是根本没有羊可卖，无力还款；

（2）羊在饲养过程中出现问题，养殖户无力卖羊还款；

（3）市场出现问题，羊滞销，养殖户无法卖羊还款。

这三个问题中出现任何一个，资金方都无法收回投资。因此，养殖户在一开始从银行拿到无抵押贷款的可能性非常小。而在新的产、销、融关系中，对养殖户而言，蚂蚁金服提供了养殖户发展生产所需贷款，解决了小微企业融资难的问题，使得养殖户有了生产资金；对于蚂蚁金服而言，由于贷款没有直接放到养殖户手上，而是直接到了淘宝农资，规避了资金被养殖户挪作他用和其他可能的欺诈风险；资金提供方唯一的担忧是养殖过程中的天灾人祸，而这一风险已经由购买保险得到缓释，所以风险可控。同时，养殖户出栏的羊有龙头企业保证收购，“一只羊”的销售回款风险也很小。对于龙头企业，由于养殖户有了生产资金保障，供应链风险得到了控制，而肉食品在羊出栏之前就有了由天猫商城提供的销路，销售回款风险降到了最低。这一切，构成了一个皆大欢喜的共赢局面。正因为如此，这一模式被很多地方复制，出现了“一条鱼的故事”“一头猪的故事”和“一朵花的故事”等。

这是当前供应链金融中一个非常值得关注的创新模式。这个模式有以下几个重要特点：

（1）整个商流从最上游的生产端到最下游的销售端形成了一个完整的闭环。这个闭环常常是因为有大型电商的参与而形成的，目前主要的应用场景是农产品的生产和销售（见图 11.3）。

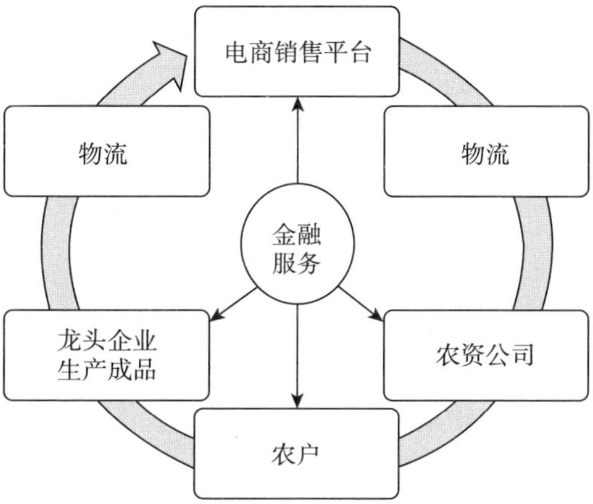

图 11.3　供应链金融产融销闭环融资

（2）在闭环中，金融服务从简单的对农户的信用贷款变成深入到整个生产、销售环节中的精准服务。

（3）整个生态圈高度数字化。信息流形成闭环，信息高度透明、精准和及时。

（4）资金流通路径发生变化，最大限度发挥了资金的真正作用，同时有效地规避了风险。

这个模式的深远意义在于，在这个闭环中，销售数据可以用来精准预测市场需求，直接面对消费者的电商销售渠道可以把碎片化需求及时反馈到供应链和产业链的各个环节中去。与此同时，生产环节和融资环节也可以碎片化。如果依靠金融科技的力量，我们可以把闭环中可识别、可交易的价值最小单位缩小成为一只羊的价值，那么就可以把原来对农户的信用贷款风险（农户的主体风险）转换成了以“一只羊”为单位的资产信贷风险。这个债项资产风险虽然和农户有一定关系，但是排除了欺诈风险（农户只有在羊出栏之后才有可能拿到现金）和意外风险之后，被降到了最低。而资产的交易流动性风险（滞销）又由龙头企业背书承担。如果数据完全透明可信，那么这个碎片化了的以“一只羊”为最小单位的投资项目，完全可以直接向社会融资，将吸收社会零散资金用于再生产。整个投融资的最大风险（损失一只羊）完全可以由投资者承担而不至于引起社会稳定问题。在高度数字化后的将来，这种新的金融形式可能完全改变传统的融资—投资格局，也有可能完全改变商业银行的功能和作用。

当然，在现阶段，除了例如阿里巴巴这样的大型电商之外，很少有机构能够掌握整个闭环的所有信息，能够对接消费端和产业端，能够如此深入到生产、销售的毛细血管中掌握链条上每一个事件的脉搏。但是随着信息孤岛逐渐被消灭，产业互联网逐渐和供应链金融融合，以金融科技为支撑的产业、融资、销售生态圈的逐渐成熟，这种闭环模式有可能被复制到别的产业，应用到其他场景。而这类供应链金融模式的广泛应用势必催生出一种与之对应的崭新的金融服务模式，我们拭目以待。

11.2 数字生态对金融机构的影响

从上一节的讨论中我们看到，仅是销售环节的平台化，就给中小微企业的融资模式带来了很大的变化。消费“2C”（to Customer，即对消费者）端大型电商和社交平台的出现，使生产模式、销售模式和金融服务模式都出现了很多创新。我们从第 7.4 章的讨论中知道，数字时代进入智慧化阶段的结果将会导致一系列的商务关系重构，导致商务关系向高度碎片化和高度社会化两极发展，使个性化和社会化并存。随着数字化的逐渐深入，下一个大的变革可能是“2B”（to Business，即对企业）和“2b”（to Small Business，即对小企业）端的高度网络化和平台化。使具有共性的“2B”或者“2b”基础服务高度集中在一些大型平台公司手中，而更多的企业将持续向灵活机动的中小微企业分化，以满足消费端越来越具有个性化的需求。在这样一个商业生态中，金融机构向何处去？如果不搭乘数字化这趟高速列车，那么很多领域就会被大型网络平台派生出来的新型金融服务公司挤占。因此，学会在数字时代安全、有效地为中小微企业服务对金融机构而言，具有非常深远的战略意义。金融机构将以什么形式出现在未来数字化生态中？我们认为，数字时代新生态将会对金融机构带来三个方面的影响：组织平台化、业务碎片化和服务个性化。

11.2.1　组织平台化

企业服务平台化是迈向智慧化的第一个台阶。企业服务平台和消费者服务平台之间有很大的差别。消费者群体庞大，但需求相对统一，一个成功的盈利模式很容易复制和放大。其结果是平台高度集中在几家巨型企业手中。而企业之间的商务关系垂直性非常强，行业之间的差别非常大，很难找到一个能够迅速放大和复制的统一模式。从这个意义上看，产业链和供应链上的服务平台早期很可能是一个多元化的平台集群。

就目前的发展趋势来看，比较成熟的平台类型有产业互联网平台、供应链金融服务平台、2B 电商平台等。这些平台从各自的发展角度起步，很多已经具备相当的规模。在数字化时代，出于风险控制的需要，金融机构对数据的依赖将会越来越高。海量的与企业生产及商业活动相关的数据沉淀在不同的企业服务平台上。金融科技正是依赖这些数据才能够做出对风险的识别分析和判断，帮助金融机构做出合理的决策。对这些数据的依赖使未来的金融机构必须和各类企业服务平台高度联通。同时，出于效率和成本考虑以及对企业重复融资、资产重复抵押和监管等因素的考虑，金融机构有可能通过一些大型金融基础设施或者公共服务平台逐渐实现平台化（见图 11.4）。

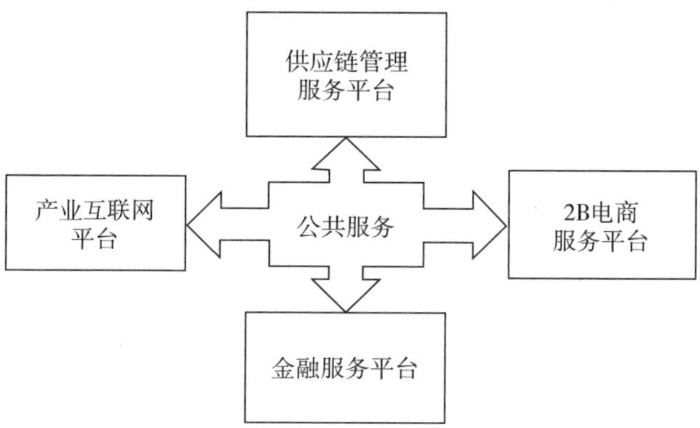

图 11.4　金融服务平台化

11.2.2　业务碎片化

从前面的讨论我们知道，数字化将使企业两极分化——在一些服务或者业务高度平台化、社会化的同时，另外一部分业务或者服务变得碎片化。在这个趋势下，金融机构的业务也将逐渐随之碎片化。单笔大单的业务将越来越少，更为普遍的将会是大量的小额、短期的业务。对金融机构的风险而言，碎片化不是坏事，它将在很大程度上降低金融机构的风险。一方面它可以使风险分散化，使集中爆发、破坏性强的风险转化成为细碎的、在很长一段时间内逐渐发生的风险。更重要的是在数字时代新型的商业关系中，更多的风险将从主体风险转化为资产风险，例如上一节例子中风险从对养殖户的信用风险转化为一只羊的死亡风险。在绝大多数情况下，资产风险将大大小于主体信用风险。这种风险的降低也将进一步推动金融业务碎片化。碎片化虽然加大了业务量、大幅增加了操作成本，但是由于数字化、智能化带来了高效率和透明度，这种碎片化的业务将变得可能和可行。

11.2.3　服务个性化

由于数字时代需要金融服务嵌入商品生产、流通、销售的环节中，对金融服务提出了更高的要求。金融机构除了需要掌握企业的财务状态、经营状态，企业在整个产业链条或者供应链中的地位和可取代性之外，在新型的商业生态中，更为重要的是金融机构需要了解企业生产的过程以及生产需要的资金用途。必要时，金融机构需要和企业的上下游供应商建立联系，用采购垫付的方式为企业解决资金困难，而不是直接为企业提供信用贷款。这对于金融机构是一个非常大的挑战，它需要大大提前金融机构在生产、销售环节的介入时间，需要使金融成为整个市场研究、生产组织和销售链条中的一部分。这个变化一方面将使金融行业的分工更加细化，即不同的行业、不同的细分领域、不同的业态环境将需要不同的金融服务方式；另一方面金融机构介入时间的前置又将突破传统金融中风险投资、股权投资、债权投资和证券投资的边界。金融机构将深度了解企业的市场竞争力，懂得细分行业的发展前景，熟悉企业在产业链条上的各种关系，从而能够精准地为企业提供从早期的研发资金到成熟期的运营资金，做到全程、全方位深度服务。实现这一目标最重要的基础条件是及时、准确的数字化信息。

第 12 章
数字时代金融风险分析

鳄鱼在水里，却总在窥探着陆地。

——几内亚民间谚语

不研究风险的创新是冒进。数字化带来了效率的提高，带来了成本的降低更带来了创新的机遇。但是，数字化同时也有可能加快风险的传播速度，放大风险的危害性，更有可能带来新型的风险。如何识别和防范这些风险，如何建立一套有效的预警、隔离、应对、处理机制是创新的前提。

金融科技带来的最大红利在于大幅降低了中小微企业融资的信用风险，更确切地说，是降低了转化、缓释、管控中小微企业信用风险的成本。但是，不可忽视的是，由于数字化带来的高效率、高自动化，还会产生另外一种类型的风险。数字化、自动化的发展，提高了融资、资金使用和投资的效率，但同时也大大加快了风险传导和放大的速度。所以，如何在高度数字化、自动化的金融运作中隔离风险，防止风险的迅速传导和放大，是保证中小微企业能够受益于数字时代新型金融服务的根本保证。

12.1　数字化时代的金融风险特性

数字时代是一个行业融合的时代。金融科技的发展，就是金融和科技高度融合的结果。在我们发掘这种融合带来的优势和动力的时候，也应该对它带来的风险有所了解。数字时代的金融风险和数据风险同时出现，和计算机信息风险交叉放大。数字时代给业务带来了便利，也给网络犯罪带来了新的可能性。数字时代的风险和常规风险相比，有量的不同——风险的传导速度、影响范围将会被大幅放大，也有质的变化，即新型的风险将会被派生出来，例如网络金融诈骗、非法集资、金融数据风险、网络信息风险等。

网络联通性是数字时代最根本的特性之一。正是因为纵向的信息联通，可以大幅提高各类机构的运行效率和自动化程度，使商务、资金、运输流程高效化、高频化。也正是因为机构之间、企业之间、企业和客户之间、金融机构和企业之间的横向的联通打破了原来融资流程中金融机构和融资方简单双边关系，构成了数字时代覆盖产销全链条的网状生态关系，从而使中小微企业融资从主体信用风险转化为具有多重缓释手段保护的资产风险。也正是这种网络联通性，大幅提高了信息透明度，降低了不确定性，从而提高了资金方为中小微企业提供资金的意愿。然而，联通性也会带来一些传统行业生态不具备的风险，主要是风险传导的速度和范围也将大幅增加。

由于市场关联性造成金融系统性风险最典型的例子是2008年的次贷危机。商业信用融资，最本质的底层资产是商业票据。回顾2008年美国次贷危机，从仅仅是房地产市场中一些次级贷款最终演变成为全球性的金融风暴，其中最根本的原因就是风险通过商业票据市场的关联性得到放大和传导；而资产支持商票（Asset Backed Commercial Paper，ABCP）正是十多年前那次危机的风暴眼。美联储研究人员2009年的一篇论文（Covitz et.al.，2009）[12.1]曾经深入对ABCP在2008年金融危机中的作用做过深入的探讨。文章认为，当时市值3 500亿美元的ABCP市场是美国房贷市场泡沫在2007年最后的几个月中最终转化为一场全球性金融危机的重要传导媒介，而2007年末最后5个月发生的ABCP市场的挤兑则是那场金融危机的主要导火索。2007年中，投资者开始对美国次级房贷产生怀疑，由于个别地区房价下滑，出现了一些坏账，评级机构开始下调房贷结构性产品的信用评级，从而导致投资者的恐慌。这种恐慌使一些投资者中断了对ABCP市场的滚动投资，抽走了现金。ABCP市场中很多长期应收账款交易流动性枯竭，导致2007年8月ABCP市场暴跌20%（1 900亿美元），之后又继续下滑1 600亿美元。此后，单一市场的挤兑逐渐扩大到其他市场，高评级的ABCP和房产抵押证券（MBS）市场受到影响，不确定性导致市场避险情绪升级，银行间短期流动性枯竭，最终导致全球性金融危机爆发。风险传导的路径如图 12.1 所示。

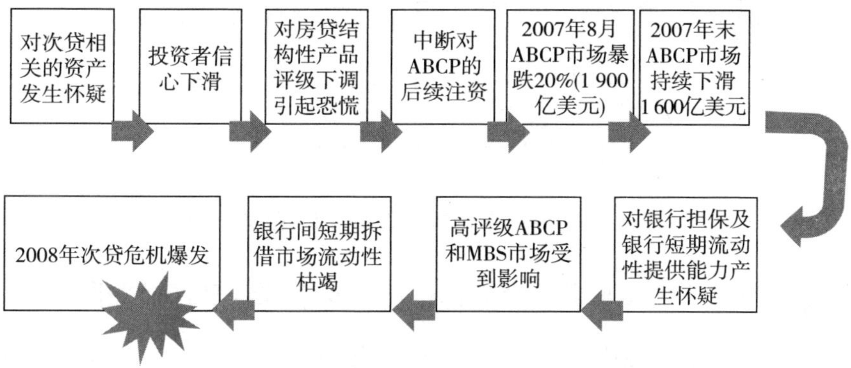

图 12.1　2008 年金融危机风险传导路径

前车之鉴，后事之师。从事件发生的时间维度来看，2008 年次贷危机时，由于 ABCP 市场不稳定性导致了金融市场的三种不同类型的挤兑：基础性挤兑、关联性挤兑和恐慌性挤兑（见图 12.2）。

基础性挤兑通常发生在单一市场，挤兑的原因通常是某种类型的产品出现了问题，市场参与者根据可以被解释的原因清仓出场。这种类型的挤兑发生的初期一般可以通过各方面的努力救市而得到遏制。关联性挤兑是当某一个市场出现问题，与之相关的市场也受到牵连因而发生挤兑。这个时候导致挤兑的因素可以用基础挤兑因素及其关联因素解释。当市场出现恐慌性挤兑时，所有市场的关联性分析都失效，即基础挤兑因素和关联因素不能完全解释挤兑，市场参与者非理性大规模抛售资产，导致市场发生关联性挤兑最终引爆恐慌性挤兑的主要原因是市场的关联性。

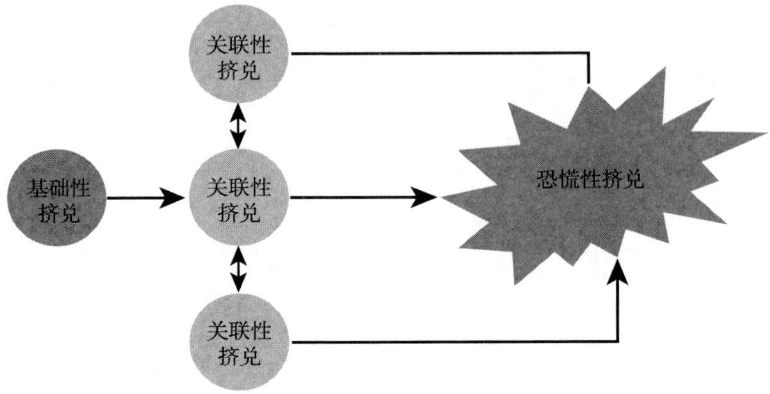

图 12.2 2008 年金融风暴中的不同类型挤兑

市场关联性主要来自两个方面——机构关联性和产品关联性。机构关联性指的是不同金融市场的参与机构有很大的重合性。例如，同一家金融机构是与房地产抵押资产相关市场的重要参与者，同时又是国际利率市场的重要参与者，当次级贷款出现问题时，资产支持商票 ABCP 市场出现了恐慌和挤兑，使风险通过市场参与机构得到放大和传染。

关联性风险的另一种形式是产品关联。也就是说不同的金融产品之间有一定的关联性。这种关联性通常是通过资产信用分级打包衍生品来实现的。2008 年金融风暴中出现过的 CDO、CLO 等就是例子。这类产品的底层资产中存在复杂的多重关联性。一旦某一类资产出现问题，很容易引起整个资产结构中的链式反应，导致全市场流动性迅速枯竭，从而进一步导致相关市场挤兑，引发系统性金融风险。

在数字时代，金融机构将深入各种不同的行业中，在不同生态的毛细血管中运作，暴露在更为广泛、复杂的风险当中。如果其中某一个行业或者某一个层次发生风险事件，风险很容易通过这种机构关联性传染放大到整个社会层面。同时商业信用的底层资产——商业交易凭据又是上层多种金融产品的标的资产，产品关联性非常高。因此，在数字时代构建有效的风险传染隔离机制，将是数字时代商业信用融资健康、平稳发展的重要保证。

12.2　数据风险

数字时代的另一类风险是数据风险。数据风险主有以下几个方面：

（1）数据权属不清晰导致的法律合规风险；

（2）数据治理不当导致的商业泄密风险；

（3）数据模型设计不当造成的操作风险。

我们在前面的讨论中提到过，数据是数字时代的能源。数字时代中小微企业融资离不开对数据的合理使用。数据虽然具有共享增值的特性，但是数据的使用和共享必须在完善的法律框架下进行，数据的权属必须明晰。

数据权属是一个相对复杂的问题。从法律的角度讨论，数据权属可以被分成三类：个人数据、政府数据和商业数据。个人数据指的是与个人相关的，能够识别个人身份的数据。政府数据是由政府和公共机构根据职责所生产、创造、收集、处理、存储的数据。可以包括但不限于个人数据和商业数据。商业数据则指的是企业或机构在商业活动中产生的数据，其中不依赖于现有数据而产生的为原生数据，经过记录、计算、聚合而成的为衍生数据。个人数据涉及个人的人格权，权益归属于本人。政府数据则涉及公众知情权、访问权，其权益归属于公众。相对于个人信息和政府信息，商业数据的权属相对复杂一些。如果数据涉及企业的知识产权，权益归属于产权持有人，如果数据涉及商业秘密，则数据权属属于权益归属于信息持有人。如果商业数据涉及商业市场参与者的竞争合法权益，则权益归属于相关的市场参与企业。

2021年下半年，我国先后颁布、实施《中华人民共和国数据安全法》和《中华人民共和国个人信息保护法》，中国数字安全及个人隐私保护步入一个新的时期，合规合法使用数据将成为所有数据采集者、经营者、使用者必须高度关注的问题。数据是数字时代中小微企业融资的核心资源。作为客户的中小微企业应该熟悉相关的法律法规，明确自己对数据的权利，必要的时候可以进行数据维权。而与融资相关的信息服务方和资金方，作为数据的采集方和使用方，更应该懂得数据权属相关的各项法律和规定，通过数据治理做到合法合规经营。有效的数据治理需要数据主权方和数据使用方双方面的努力。一方面中小微企业需要防止商业秘密泄露，防止数据霸凌。也就是说需要明确自己的数据权益，防止竞争对手或者数据寡头通过掌握企业关键数据进行商业打压，或者不法分子通过掌握企业关键数据进行欺诈。中小微企业尤其需要精心维护数据的真实性，防止数据污染，提高数据征信质量。因为在数字时代，一旦数据质量出现问题，企业融资将会变得非常困难。另一方面，作为信息服务商，各类平台必须非常明确数据授权机制和数据使用边界，保证数字化融资机制能够持久、健康地发展。

数据模型是数字金融的核心之一。数据模型设计的失误将导致数据质量的大幅下降，使数据的传输、存储效率大大降低。更为严重的是，如果核心金融数据模型设计出现问题，有可能导致数据的可靠性、可用性出现缺陷，造成操作风险。所以，信息服务商和金融机构在构建数字化融资渠道时，应该充分重视数字模型的搭建和维护，防患于未然。

12.3　计算机信息风险

数字时代出现的另外一类风险是计算机信息风险。这类风险主要来源于两个方面：网络信息安全风险和信息系统瘫痪风险。

互联网和数字化为经济发展注入了强大的动力，给人民生活带来了很多便利。但是不可忽视的是，互联网也给网络犯罪分子带来了可乘之机。数字时代的中小微企业融资，作为一项金融活动，涉及企业及个人身份，资金流动，数字资产的生成、传输、存储、管理、清算、核销等各环节的敏感信息，信息安全风险非常大。信息安全风险防范是数字金融中每一个参与者的责任。对于信息技术服务商和平台服务商，目前国家有明确的信息安全规范等级保障测评标准。等级保护工作作为国家网络安全法明确的重要制度，已为我国信息系统安全的保驾护航发挥了重要作用。对于金融机构，监管部门对金融信息系统的信息安全也有明确的规定。人民银行 2012 年 7 月发布并实施的《金融行业信息系统安全等级保护实施指引》要求，从系统建设的角度，金融系统信息安全需要在物理安全、网络安全、主机安全、应用安全和数据安全五个方面设防。由于“木桶效应”，参与融资的中小微企业客户端，非常有可能成为信息安全的短板。在数字时代，中小微企业在参与线上操作时，需要加强安全意识和自我保护意识，遵守相关的信息安全制度和操作流程，确保企业和个人身份信息安全和资金安全。

信息系统瘫痪是一类可能由人为或者是计算机病毒造成的大规模

系统灾害。在金融领域中，曾经爆发过多起全球性的信息系统瘫痪，造成的经济损失巨大。例如，2020 年 6 月 15 日美国大型电信运营商 T-Mobile 出现系统瘫痪事故，影响面波及美国 7 个州。可见这类的大型信息系统瘫痪事件并不罕见。随着信息化、数字化水平的不断提高，特别是物联网、5G 技术等实时、高频、海量、高并发应用场景的加入，这类大规模信息系统瘫痪造成的危害也将越来越大。数字时代人们对信息系统的依赖日益增加，更需要重视信息灾备，包括系统、网络、数据、商业流程的应急灾备。

第 13 章
数字时代的金融创新监管和金融监管创新

生活就像骑自行车，要想保持平衡就要不断运动。

——爱因斯坦

“当前金融科技与金融创新快速发展，必须处理好金融发展、金融稳定和金融安全的关系”

——刘鹤

从金融市场诞生的第一天开始，金融创新和监管就是一对矛盾。整个金融发展史可以被看成一部创新和监管博弈的历史。

正因为这样，有人把金融创新和监管的关系比作猫和老鼠的关系，我觉得不是太贴切。猫和老鼠的关系是完全对立的，猫把老鼠抓完，天下太平。而金融创新和创新监管之间除了对立之外，还存在互相依存、互相促进的关系。如果我们把金融发展比作一辆前行的车辆的话，创新好比这辆车的动力系统而监管好比这辆车的刹车。如果没有动力系统，车辆就不会前行；而如果没有刹车，车辆就会发生事故。现代高科技的发展正在把金融这辆车的动力系统从人力改变成为电力，车辆的性能、车速都有了大幅度提高，车辆的内部也变得越来越复杂。很明显，原来的刹车系统已经不足以制动这辆数字金融的新车。如何为它配备一套合适的刹车系统？这个问题已经成为全球金融监管机构普遍关注的热点话题。我们在这一章里从两个方面讨论这个问题：数字时代的金融创新的监管以及数字时代监管本身需要的创新。

从这两个侧面，我们还将讨论数字时代监管的新型思路、工作模式、采用的工具及监管和被监管对象之间的新型关系。

13.1　金融创新监管历史回顾

从前面章节的讨论中我们可以看到，数字时代为解决小微企业融资难、融资贵问题提供了一个由高科技赋能、金融创新驱动的可行路径。近年来，随着高科技的发展，各项政策的推动、市场化的深入，中小微企业融资领域里的创新从来就没有停止过。其间有过各种探索，也出现过各种问题。

人们探索市场经济条件下金融服务和监管的关系已经有几百年的历史了，最早记录下来的金融市场监管行动是荷兰当局1610年发布的禁止做空规定，离现在400多年。几百年来，金融市场形成了一套从一次次金融危机中摸索出来的框架。历史上几次大的金融危机以及由于金融危机导致的经济萧条，都是促进金融监管发展、完善的最大驱动力。反之，很多较大的危机，追溯其起源，监管缺失、错位都有其不可推卸的责任。从某种意义上来说，整个金融的发展历史都可以被描述为金融创新和监管这一对矛盾的角力与平衡的历史。以美国市场为例，从1907年银行恐慌导致了1913年美联储成立，建立了稳定金融系统的基本机制开始，我们把过去一百多年美国经济发展、监管体系变化和股票市场的波动做一个对比（见图13.1）就可以发现：在过去一百多年历史上一共有过四次相对大的经济萧条：1929—1938年的资本主义国家大萧条、1980—1982年的美国双重衰退、2001年的全球互联网泡沫以及2008—2009年的美国次贷危机。

由于金融投机引发的1929—1938年的大萧条，是美国历史上历时最长、影响最大的经济衰退。到1933年，美国有近400家商业银行、1 700家储蓄银行倒闭。为应对这次危机，美国立法机构紧急出台了著名的《格拉斯—斯蒂格尔法案》（*Glass-Steagall Act*），也叫1933年银行法。《格拉斯—斯蒂格尔法案》的重要内容有以下几点：第一，它建立了全国范围之内的存款保险，并设立了联邦存款保险公司（FDIC）负责管理执行存款保险，FDIC的董事会由政府指定。第二，它规定了商业银行和投资银行的业务分离，以限制银行的投机行为。第三，它规定了非常严格的金融从业人员的行为规范，避免从业人员利用职位便利侵犯公众利益。

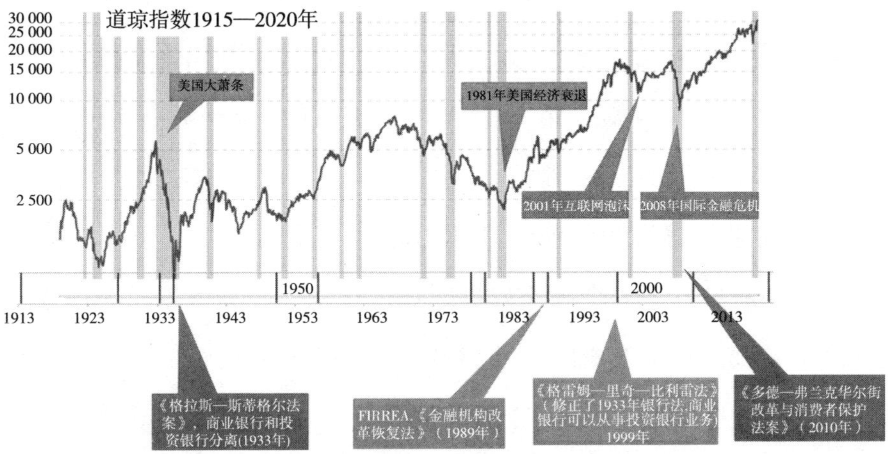

图 13.1　美国经济周期、股票市场和监管的关系

这些举措很好地稳定了金融市场，限制了金融从业机构的投机行为，在很长一段时间内保证了市场的稳定发展。

在接下来的几十年间（1945—1980 年），金融体系逐渐发生了变化。随着经济条件的改变和科学技术、社会结构的演变，对 1933 年以来确立的金融秩序的改革呼声越来越高。其推动力主要来源于几个方面：

（1）市场的自由创新开始不断地挑战已有的监管系统。

（2）全球化推动美国金融体系更积极地参与国际竞争。

（3）20 世纪 70 年代开始出现的高利率环境使一大批储蓄与贷款协会（S&L）遭到市场淘汰。面临行业的危机，修改对储蓄和贷款协会严苛的监管规定的呼声日益变高。

在这个阶段，美国金融监管开始了一轮宽松期 [13.2]。其中 1989

年生效的《金融机构改革恢复法》（*Financial Institutions Reform and Recovery Act*，FIRREA）在很大程度上就是为了应对由于金融环境变化出现的S&L危机。FIRREA调整了对金融机构的严苛规定。这一时期出台的一系列监管变更都是同一个基调。1999年在美联储主席格林斯潘的支持下出台的《格雷姆—里奇—比利雷法》（*Gramm-Leach-Bliley Act*，GLB）基本解除了1933年制定的《格拉斯—斯蒂格尔法案》所设定的商业银行和投资银行间的业务藩篱。在这一系列监管宽松举措的推动下，金融创新进入了一个高速发展时期，金融衍生品市场发展迅速，新型产品、新型的类金融机构不断出现。过度宽松的监管、过于活跃的创新为下一次危机埋下了隐患。2008年出现的以次级房贷为导火索的全球金融危机就是一个系统性金融风险的总爆发。2008年危机后，全球金融进入了新一轮的严监管时期。2010年美国监管当局出台了《多德—弗兰克华尔街改革与消费者保护法》（*Dodd-Frank Wall Street Reform and Consumer Protection Act*），该法案收紧和重新限制了银行的业务范围，在很多方面重启了《格拉斯—斯蒂格尔法案》的规定，例如禁止银行开展自营投资业务、衍生产品头寸实时报告及集中清算等。在这一轮严监管周期中，金融衍生产品市场生态发生了巨大变化，非标准化衍生产品双边市场走向消亡，复杂衍生产品交易流动性基本枯涸。

中国的金融市场相对年轻，仅有数十年历史。改革开放以来，中国金融体系以其后发优势，吸取国际市场的丰富经验教训并且根据中国经济结构的特性探索实践。中国金融体系在国际化、现代化和市场化方面取得了很大的进步，建立了相对完善的中央银行、商业银行、资本市场体系，中国的监管体系也在不断地完善之中。相对于国际的金融监管，中国对金融创新监管相对宽松。正是在这样的环境下，中国的数字金融，尤其在支付领域走在了世界的前列。

13.2 金融创新和金融监管的关系分析

2008 年金融危机已经过去了十多年，在这十多年中，金融步入了一个新的发展时期。由于金融本身的演进和发展，处理好创新和监管的关系变得更加重要、更加迫切，同时也更加困难。

金融监管存在的意义，在于维护金融秩序。监管的职责首先是保证金融体系的稳定从而保证整个国民经济的平稳运行，避免出现大规模的经济危机。其次是保证消费者、投资人及金融服务市场参与者的利益。最后是保护市场竞争的公平性。与此同时，监管还同时担负着推动金融行业发展，鼓励金融服务模式的改革、进化、更新，扶植金融创新的重任。维护金融秩序和扶植金融发展是两个相互矛盾的任务，监管当局的困难在于要在这对矛盾中寻求平衡。这个天平任何一个方向的失衡都有可能酿成大错。监管政策、规则的出台需要密切配合经济形势的发展，贴近金融创新的主要矛盾，精准打击和规范有害于金融体系发展的行为，扶植和鼓励有利于发展、无害于金融稳定、提高对消费者、中小微企业金融服务效率和质量的金融创新。

金融创新监管是一门复杂而精细的学问，很多时候，简单粗暴的管理本身有可能就是风险的来源。为了方便讨论，我们把金融创新和监管的关系用一条曲线来表达，在这里我们暂且把这条曲线叫作“创新—监管曲线（见图 13.2）。

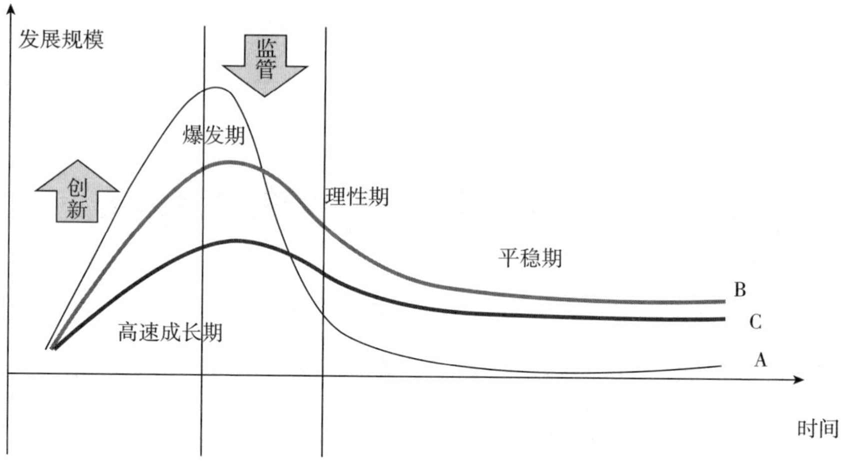

图 13.2 创新—监管曲线

我们把金融创新带来的新型金融服务模式的发展分为四个阶段：高速成长期、爆发期、理性期和平稳期。当一个新的金融创新服务模式出现时，通常没有明确的监管规则可循。一般情况下这个时期金融创新模式将高速发展。当这类创新模式积累了一定的发展动能之后，将会出现一个爆发期。不同的参与者将会急速聚集，资本不断涌入，同时也会出现很多乱象。监管一般会在这个阶段介入，整顿和规范服务模式、从业资质和制定一定的游戏规则。在监管的作用下市场将走向理性时期，出清不良成分，保留合理成分，随即监管和创新达到平衡，步入平稳期，一个新的行业或者金融服务模式由此可以持续、稳定和健康地发展。

图 13.2 展示了这条曲线的三种不同情况。曲线 A 代表创新发展速度过快，而监管介入相对较晚，导致爆发期规模急速增长，出现很多问题，迫使监管当局不得不出重拳管控。行业在大力度的监督管理之下最后在低位甚至在消亡线上达到创新—监管平衡。中国的 P2P 网络信贷的发展基本遵循的就是这样一条曲线（见图 8.1），当最后尘埃落定之后曾经爆发

式增长的 P2P 平台从原来的 3600 多家到 2020 年 11 月底全国清零。当然，P2P 网络信贷是一个极端的例子，多数情况下创新和监管的关系遵循图中曲线 B 的发展模式。新型的金融服务模式、新的金融产品由爆发期走到理性期，通常伴随着大量的资产重组和流失、大量的人员失业、公司破产。理性期和爆发期之间的落差越大，参与者的损失也就越大。无论是监管当局还是金融服务的对象及提供者，我们希望看到的情景是曲线 C 所代表的路径。金融创新在发展期有序发展，爆发期相对平缓，理性期和爆发期的落差不大，最后监管秩序在行业发展规模的相对高位上形成。

如果说曲线 C 代表的是一条理想的发展路径的话，它绝不可能由目前中国“一放就乱，一管就死”的模式形成。它需要创新者放弃无孔不入，把监管漏洞当作商业机会钻营的经营方式，一开始就采取一种有利于行业长期稳健发展的合规经营态度，配合监管者形成一套贴近实际的、有效的规则。同时，也需要监管者深入行业内部，做大量艰苦细致的调查、研究、分析风险、发现问题，制定精准、可实施的规则。换句话说，这条曲线的形成需要监管方和创新方彻底改变猫和老鼠的关系，建立一种新型的关系。当然，这绝不是一件容易的事情。创新带来的发展模式和随之而来的问题通常是全新的，其发展速度、影响范围和表现形式通常远远超出人们的常规思维框架。这一点我们将在下面的章节中讨论。

13.3　数字时代金融创新监管面临的挑战

我们在第 12 章中从金融市场参与者的角度分析了数字时代中小微企业融资面临的风险。除了传统的信用风险、欺诈风险、抵押资产风险、操作风险之外，数字时代中小微企业融资的市场参与者还面临三类新型风险：联通性带来的负面事件放大和传染风险、数据风险和计算机信息系统风险。在这一节中，我们从监管的角度分析数字时代中小微企业融资活动中监管方所面临的挑战。

13.3.1 数字金融生态变化带来的金融稳定性风险

在前面的很多章节中，我们花费了大量的篇幅讨论数字时代给中小微企业融资带来的主要机遇和利好在于大幅降低融资成本，其中最主要的是降低风险控制成本。以云计算、人工智能、大数据和区块链为主要手段的金融科技的发展，是降低风险控制成本的重要原因。金融科技的介入，在很大程度上将会改变目前的行业生态，同时也不可避免地带来一定的风险。除了我们在前面章节中讨论过的由于数字化、电子化带来的风险传播速度加快之外，行业生态变化带来的利益关系重构也有导致系统性风险的可能。如果说由于风险传播速度加快或者是决策周期变短带来的风险是全行业的责任，而且其中很多可以通过技术手段防范解决的话，那么梳理市场利益关系，防止利益风险负反馈则必须依靠监管的介入。因为在市场经济中，市场参与者都是以逐利为目的，它们很难完全从金融稳定的大局出发，自觉自愿地约束自己的盈利行为。

在金融市场中，对任何参与者而言，利益和风险必须是平衡的。也就是说，市场参与者取得的利益越大，他所需要承担的风险也就越大。他所获得的高于市场平均利益的部分，是市场对他所承担风险的补偿。低风险的金融产品回报要比高风险的产品低，这是一种市场平衡。是市场总体对风险的制约机制，也是市场稳定的基础。如果在某一个局部打破了这个平衡，存在大量的“免费”或者“廉价”的风险回报，风险就不可避免地在另外一个地方高度集中，最终引发金融危机。以 2008 年美国的次贷危机为例，当时出现了很多房贷公司。这些房贷公司的职责是获客，并处理房贷申请。当用户完成贷款流程之后，房贷公司就会将用户账户转给银行。表面上看，这些房贷公司是在提供金融服务，帮助银行获客。可是仔细分析其中的利益结构发现，这些房贷公司的市场风险利益关系是倒置的。也就是说，它们拿到的客户越多，回报就越大，而客户的信用质量和它们的利益并不挂钩。也就是说，如果它们招揽的客户出现房贷违约，房贷公司并不承担责任，所有的风险都是银行的。正因为这个原因，很多房贷公司为了达到利益最大化的目的，大幅放宽信贷标准，使大批原本没有资质贷款买房的客户拿到了房贷，涌入住房市场。当这类房贷变成金融产品涌入市场之后，导致风险在银行系统中的高度集中，直接引发了那次全球性的金融风暴。数字时代的金融生态圈中，涌现出了大量的新型金融服务或者类金融服务行业和企业。金融创新常常会催生一种或者多种金融服务形式或者服务内容。新型的企业不断涌现。作为监管机构，及时发现市场风险利益机制的异常，及时制定相关的措施和规则是防范系统性金融风险的重要任务之一。

13.3.2　大科技融资对市场公平性的冲击

近年来，大型科技公司，例如谷歌、腾讯、脸书、阿里巴巴等借助其超大的用户体、垄断性的数据优势、纷纷开始进军数字化金融服务，不断模糊信息技术和金融服务的边界。金融科技已经成为科技巨头的下一个业务生长点。作为数字化金融服务重要领域的中小微企业融资，也自然成为科技巨头的目标市场之一。大型科技公司介入金融服务（有人把它称为“大科技金融”）是一把“双刃剑”。一方面，大型科技公司具有强大的获客能力，能够大幅扩大金融服务的覆盖面积，给现有的金融服务行业带来了新的服务方式和产品品种，提高服务的效率。例如，数字银行能够轻易突破地理、交通及人口密度对银行网点的限制，为边远地区居民提供金融服务。又如大型电商平台可以利用其数据优势和平台结构优势，使一些原本无法获得资金的群体获得金融服务。从中小微企业融资来看，传统金融机构在开展中小微企业信贷时需要花费大量的精力和时间收集借贷方相关的企业信息、财务信息、开展尽职调查、建立客户关系、评估信贷风险。而大型科技公司坐拥大量企业或者个人的“数字足迹”，可以利用成本相对低廉的大数据和智能分析的方法掌握借贷人的基本信息及行为信息，从而降低信贷成本。由于大型科技公司的数据优势，它们可以从贷前和贷后降低风险成本：贷前通过手中的数据优势，利用机器学习等人工智能分析方法可以有效地在贷前甄别出风险较小的优质客户。贷后通过大型科技公司自身平台上客户的数字生杀大权，一旦发生违约，它们可以迅速控制客户的物权、资金流或者是信息流，从而大幅提高风险回收率。基于这两点优势，它们可以大大扩大信贷服务范围，使那些原本无法从金融机构获取贷款的中小微企业能够通过大型科技公司的金融服务部门获得资金支持。从这个意义上来看，合理利用大型科技公司的数据和平台优势，不失为解决中小微企业融资困难的有效方法之一。

然而，大型科技公司参与金融服务又对现有的监管体系提出了一系列挑战。2019 年国际清算银行（BIS）在其年度报告中首次专题分析了大型科技巨头给国际金融行业带来的风险[13.3]。国际清算银行的报告指出，大型科技公司参与金融服务会给市场公平竞争机制带来冲击，这种冲击可以通过为两种形式实现：市场垄断行为（monopoly）和数据寡头行为（data -opolies）。垄断和数据寡头的区别在于，前者是通过达到一定的市场份额后获取产品和服务的定价权，操纵产品价格获取暴利。和普通意义上的垄断行为有所不同，数据寡头不是通过操纵产品或者服务的价格，而是通过自己的核心平台地位，高度集中的大量的数据，利用网络外部性对消费者或者其他市场参与者形成危害。

一般来讲，大型科技公司的市场最主要的竞争优势是数据。无论是大型电商平台，例如亚马逊、阿里巴巴、京东等，掌握着大量客户的商业活动数据；或者是通信、社交平台，例如腾讯、脸书等，掌握着客户的行为数据；还有如大型搜索引擎公司，例如百度、谷歌等，掌握着海量的客户网络行为数据。它们手中数据虽然各自侧重不同，但是每一个大型科技公司无论从客户的拥有量到数据的完备性都是传统金融机构或者其他科技公司难以望其项背的。这在很大程度上形成了各自的数据垄断。超大的客户群及客户的数字足迹，加上平台带来的网络外部性优势，以及平台客户之间的交织性活动成为大型科技公司的无可匹敌的商业模式。国际清算银行把这个模式称为 DNA（Data Analytics，Network externalities and Interwoven activities）。一个商业机构一旦在某一个方面形成垄断，就具备了在这个领域里的市场主导权。首先，其他同类型的平台公司将无法和这些大型科技公司竞争。更重要的是，当这些大型科技公司准备开展以数据为基础的中小微企业融资服务时，数据垄断使它们掌握了风险溢价的定价权。出于逐利的需要，它们可以随意提高中小微企业融资的价格，或者随意提高助贷或者风险分析服务的价格，这就是我们在中国市场上观察到的一些大型科技公司信贷“普而不惠”的现象。此外，超大型科技公司基于它们的用户群体及普及程度，很容易形成数据寡头（data-opolies）。从2018年开始，对数据寡头的研究已经逐渐引起了国内外金融界和法律界的注意。斯塔克[13.7]在2018年发表的一篇文章中深入分析过数据寡头带来的危害。他认为，数据寡头虽然没有在其主要服务的领域中控制价格，在很多时候，它们的服务往往是低价或者免费的。例如谷歌、脸书等。但是这不意味着它们就对市场公平竞争不造成危害。其中比较突出的问题有：

（1）信息质量下降问题。平台垄断一旦形成，当用户对其服务有了依赖性之后，很多信息服务的质量就会急速下降。

案例分析：百度搜索引擎

用户并不需要为使用百度搜索引擎付费。但是当百度拥有了足够多的用户后，其搜索质量大为下降。用户通过关键词搜索到的信息充满了广告。前几页结果都是广告或者百度百家号的信息，而一些用户感兴趣的信息常常被这些商业信息所湮没。

这一类信息服务质量下降问题，例如信息展示歧视问题，对于那些在数字时代依赖网络或者平台作为其主要销售渠道的中小微企业，无疑是一种无形的打击。其作用将大幅提高数字时代中小微企业商业活动，包括融资活动的信息成本。

（2）由于数据在数字时代的特殊价值，数据寡头的出现有可能造成市场机制的重新洗牌，带来财富重新分配。例如，坐拥大量用户和数据的数据寡头，可以利用客户数字足迹进行精准销售，降低营销成本，发现新的商机，甚至影响客户行为。这给数据拥有者极大的市场优势，逐渐将不具备这类优势的竞争对手、特别相对弱势的中小微企业赶出市场，最终从数据寡头演变成为产品寡头、金融寡头。

（3）一家独大的数据寡头现象将最终抑制创新。数据寡头是排他的。对于数据寡头而言是免费的数据，对于其他企业或者机构而言则需要付出高昂的成本，从而大幅度地限制了其他企业利用这些数据进行创新。有人会说，数据寡头自身具备很强的创新能力。但是，根据目前的观察，数据寡头自身的创新当中，大部分围绕如何提高自身的盈利能力，其中不乏有很大一部分涉及伤害消费者权益。例如，纽约时报曾经调查过脸书近年来申请的专利[13.8]，发现其中很大一部分是关于如何采集分析用户行为的，包括用户的婚恋关系、政治观点等。同样的，在融资方面，在一个垄断的环境中大型科技公司的创新往往是为了逐利，很难希求这些公司单靠社会责任心而惠及中小微企业。

案例分析：蚂蚁金服

2020 年 11 月 2 日晚间，中国证券监督管理委员会在官方渠道发布消息，宣称四部门联合约谈蚂蚁集团有关人员，在业界引起了轩然大波。蚂蚁金融做错了什么？一时成为热点话题。

根据蚂蚁金服披露的公开数据[13.4]，近年来蚂蚁金服的主要盈利增长点是它的消费金融业务——花呗、借呗和联合贷款。花呗与借呗 2014 年上线，一直是蚂蚁金服最主要的利润来源。2017 年，借呗营业收入便达到 114.3 亿元，净利润 61 亿元；花呗营业收入达 65.96 亿元，净利润为34亿元。二者净利润合计95亿元，占蚂蚁金服利润约73%。蚂蚁金服利用它特有的数据垄断地位，通过电子商务平台在贷前选择信誉优良的借贷人，贷中通过高科技手段评估债务人的还款能力和意愿，贷后实时监控资金使用情况。除此之外，很多中小微企业债务人是阿里巴巴电商平台的商户或者用户。蚂蚁金服实际上掌握着这些客户的数字生杀大权，可以通过平台控制商户的资金流、业务流、平台账号。这使花呗、借呗的风控成本大大降低。但是，这些低成本信贷的红利并没有使中小微企业融资成本相应降低。花呗、借呗借助它们的数据垄断地位，对此类款利率有非常强大的定价权。根据媒体统计[13.5]，花呗、借呗的年化平均利率在15%左右，有的高达18%。为此，银保监会消费者权益保护局负责人曾撰文中称：在收费方面，金融科技公司缺乏统一标准，一般高于持牌金融机构。比如“花呗”与银行信用卡业务基本相同，但分期手续费高于银行，与其普惠金融理念不符，实际上是“普而不惠”。

2019年，蚂蚁金服迅速转型，选择通过“联合贷款”的模式继续进行融资。所谓的联合贷款，就是与金融机构如银行、信托等持牌机构合作，基于共同的贷款条款、按约定的出资比例，联合向符合条件的借款人通过线上发放贷款，平台按照利息收入比例收取平台服务费。蚂蚁金服依仗其数据优势使联合贷款业务迅速膨胀。根据《财新》杂志2019年10月披露[13.6]，2019年联合贷款市场规模约2万亿元，其中蚂蚁金服占比达到一半以上，约1万亿元；微众银行2 500亿元，平安普惠3 000亿~4 000亿元，三家合计占到这一市场的九成。在这个经营模式下，科技平台依仗其数据优势获取大部分利润，而银行合作者承担几乎全部风险仅仅获取略高于普通银行贷款利差的收益。

2020 年底，金融管理部门对蚂蚁集团提出了重点业务领域的整改要求：一是回归支付本源，提升交易透明度，严禁不正当竞争。二是依法持牌、合法合规经营个人征信业务，保护个人数据隐私。三是依法设立金融控股公司，严格落实监管要求，确保资本充足、关联交易合规。四是完善公司治理，按审慎监管要求严格整改违规信贷、保险、理财等金融活动。五是依法合规开展证券基金业务，强化证券类机构治理，合规开展资产证券化业务。

综上所述，大科技金融是一把“双刃剑”。一方面它有可能大幅提高信贷效率，降低风控成本从而扩大受益群体，为原来无法享受金融服务的中小微企业提供融资渠道，缓解中小微企业融资困难问题；另一方面它又对市场公平竞争机制带来潜在的危害。解决这一问题的关键在于对大科技金融的监管。大科技金融监管是一个全新的课题，近年来，国际社会对大型科技公司加大了监管力度，例如 2017 年欧盟对谷歌[①]因为非公平店铺搜索结果展示罚款 24 亿欧元，2014 年欧盟因为在调查脸书兼并 WhatsApp 是否违反欧洲反垄断兼并法时，脸书提供的信息失真而对其开出了 1.1 亿欧元的罚单[②]。

---

① 根据欧盟 2017 年 6 月 27 日信息披露，欧盟对谷歌开出 24 亿欧元的反垄断罚单。其原因为谷歌经常给自己的购物服务以优惠待遇，并在搜索结果中降低对手的排名。（见欧盟官网 https://ec.europa.eu/commission/presscorner/detail/en/IP_17_1784）

② 据多家媒体报道，欧盟在调查脸书（FaceBook，现改名 Meta）2014 年兼并 WhatsApp 是否违法欧洲反垄断法时，因为脸书提供不实信息，对其罚款 1.2 亿欧元。（Mark Scott，“E.U. Fines Facebook $122 Million Over Disclosures in WhatsApp Deal”，The New York Times，May 18, 2017）

13.3.3 数字时代中小微企业融资中涉及的公众利益保护

数字时代给金融监管带来的另外一个挑战是如何在数据使用方面维护公众权益。保护公众利益，摆在监管机构面前有两大任务：

第一，保护公众的网络及各类平台上的合法权益，尤其是个人隐私和数据权属不受侵害。

第二，保证数据安全，保护公众不受数字金融犯罪的侵害。

数据保护，是目前全世界金融监管机构面临的共同课题。在这个领域相对领先的是欧洲。2015 年欧洲议会和欧洲理事会批准《通用数据保护条例》（GDPR）于 2018 年 5 月 25 日开始在欧盟（EU）当时的 28 个成员国内施行，并于 2018 年 7 月 20 日在更广泛的欧洲经济区施行。欧盟成员各国还成立了相应数据保护机构（Data Protection Authorities，DPA）来监督并且实施 GDPR。（GDPR）是欧盟隐私保护法规的一次重大变革，扩大了隐私法规范围并加强了其执行力度。具体而言，GDPR 加强了个人权利，其中最值得注意的是被遗忘权、隐私设计以及数据自动化处理权。此外，GDPR 还为数据保护机构提供了更强有力的协作途径，并允许数据保护机构依照反垄断法中规定的违规行为严重性及对应的罚款力度对不符合 GDPR 法规的行为予以罚款。

GDPR 是一项开创性的法规，旨在引导立法者有效控制数字化带来的负面影响。这项法规对全球范围内几乎所有经济活动领域都产生了影响，已经成为全球各国数据保护立法的重要参考。

GDPR 框架下法国的数据保护机构——法国国家信息自由委员会

（CNIL）[①] 根据全球数据保护监管绘制了一张地图。其中标注深蓝的国家是完全满足欧盟制定的数据保护标准 GDPR 的、并设有完全符合欧盟要求的独立数据保护机构的欧盟成员国。稍浅一些蓝色标注的国家例如英国和瑞士，它们虽然不是欧盟成员国，但是具有和欧盟数据保护组织认可的独立数据保护机构及法律。淡蓝色标注的国家，例如加拿大，具有自己独立的数据保护机构及法律，其数据保护标准被欧盟部分认可。深紫色标注的国家，例如美国、澳大利亚、秘鲁、马来西亚、菲律宾等国家则被认为是虽然不具备欧盟认可的标准，但是有自己独立的数据保护法律体系和机构。标注为浅紫色的国家，例如中国、印度、巴西等则被认为是具有自己独立的非欧盟标准的数据保护法律，但是没有设置专门的数据保护机构。其他标注灰色的国家则为尚未建立起任何数据保护法律。这份地图虽然是以欧盟为中心绘制的，但是从侧面在一定程度上反映了全球监管部门对数据的保护力度。

在有关个人隐私及数据保护方面，中国起步相对较晚。2016 年以前，中国没有专门的个人隐私保护法。很多和个人信息保护相关的法律条文分布在八九部不同的法律当中。近五年来，随着互联网侵犯个人隐私、网络诈骗恶性案件频发的现象，个人隐私保护立法步入了快车道。图 13.3 展示的是近五年来相关机构关于用户数字权益颁布的主要法律和规则。

① 法国国家信息自由委员会（CNIL）是独立的法国行政机构，其任务在于确保信息科技不侵犯人权、隐私及个人和公民自由。它负责决定数据收集和使用的条款及条件。

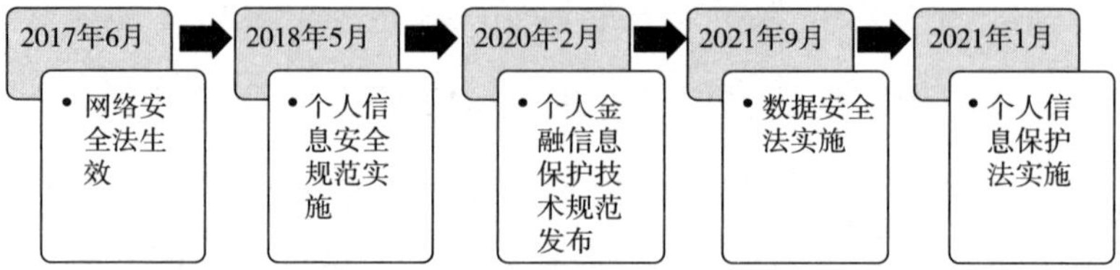

图 13.3　中国数据保护立法历程

2020 年 10 月 21 日，中国人大网公布了《中华人民共和国个人信息保护法（草案）》（以下简称《个人信息保护法（草案）》）全文，并对其公开征求意见。《个人信息保护法》于 2021 年 8 月 20 日经第十三届全国人大常委会第三十次会议通过，自 2021 年 11 月 1 日起实施。这是首部专门规定个人信息保护的法律，这部法律的出台之后，成为中国个人信息保护领域的“基本法”。

对照《个人信息保护法》和 GDPR，可以看出《个人信息保护法》的内容在适用范围、处理规则、个人权利和义务等方面较多地借鉴了 GDPR 的内容，但在细节上与 GDPR 相比又存在一定的差异。其区别在于：

（1）在个人信息的定义方面，中国《个人信息保护法》的可解释空间相对要宽泛一些。

（2）在适用范围方面，《个人信息保护法》的适用主体为中国境内自然人，而欧盟出台 GDPR 除保护境内公民个人数据的目的外，还有解决欧盟各国之间的差异性、统一欧盟数据规范的目的。因此《个人信息保护法》对域外适用范围的界定上较为模糊和保守。而 GDPR 则是鲜明地突破了地域限制，赋予了自身长臂管辖权。

（3）在数据的处理与保护执行方面，《个人信息保护法》中涉及个人信息的相关方主要为个人信息主体、个人信息处理者和履行个人信息保护职责的部门，而 GDPR 除了上述各方之外，还具体要求数据控制者和数据处理者设置独立的数据保护官（DPO），负责监督执行 GDPR 所规定的相关事项。

除此之外，GDPR 在加强数据保护的同时，兼顾了企业的利益。设立数据保护官，对企业及员工提供数据保护相关培训。《个人信息保护法》的保护主体更侧重于个人。

除了个人信息保护立法往前迈进了一大步之外，2020 年 7 月 3 日，《中华人民共和国数据安全法（草案）》全文在中国人大网公开征求意见。2021 年 6 月 10 日，《数据安全法》经第十三届全国人民代表大会常务委员会第二十九次会议通过，自 2021 年 9 月 1 日起施行。

数字时代的中小微企业融资，离不开基于大数据的创新。如何兼顾创新和保证金融的稳定、保证企业和个人的数据权益不受侵犯，保证市场的公平竞争，是监管机构和每一个数字金融市场参与者需要认真思考、努力探索的课题。

13.4　金融监管科技创新

金融科技创新需要监管，监管本身也需要科技创新。近年来，高科技的普遍应用不但极大地推动了金融创新，同时也对金融监管产生了巨大的影响。金融科技的发展出现了两个新的分支：监管科技（Regulatory Technology，RegTech）和监督科技（Supervisory Technology，SupTech）。监管科技和监督科技都是高科技在金融监管领域里的应用。它们之间的区别在于使用者不同。监管科技的使用者是被监管者，而监督科技的使用者则是监管机构本身。

13.4.1 监管科技（RegTech）

数字金融在很多场景倒逼了金融监管的数字化、标准化和精细化发展。这种现象反映在几个方面：第一，数字金融的多样性、多变性促使监管规则的变更频率大幅提高。据路透社统计[13.9]，2020 年全球金融监管规则变更平均次数为每天 220 次。第二，监管规则变得更加细致精准，监管惩罚力度加大。根据路透社的同一份报告统计，2020 年全球金融监管处罚金额达 3 600 多亿美元。这些变化大大提高了金融从业者合规的成本。

为了应对如此巨大的监管环境变化，一个新的领域——监管科技应运而生，成为金融科技的一个重要组成部分。根据剑桥大学 2019 年的一份报告[13.10]，全球监管科技已经成为一个相对成熟的行业，截至 2019 年为市场提供了 4 万多个就业岗位和近 50 亿美元的营收额。目前监管科技的主要内容集中在以下几个方面：

（1）利用大数据和人工智能等方法，从多个数据源收集数据，为企业客户画像和数字尽职调查，对客户进行身份验证并根据监管要求和业务需要对他们进行分类，以满足监管对 KYC（Konwn Your Cients）、AML（Anti-money laundering，反洗钱）、资金流动异常监控等要求。这对于中小微企业融资尤其重要。因为传统的客户数据质量通常很差并且很难获取，量也很大。采用监管科技的手段可以大幅降低资金方的合规成本。

（2）从机构内多个不同的数据源收集数据，以建立标准合规报告和管理报告。随着数字化的推进，监管对各类合规报告的时效要求也大幅提高。采用监管科技的手段有利于更及时、准确地满足监管的要求。

（3）利用大数据预测风险，采用人工智能的方法满足监管对反欺诈，反操纵市场或者其他的操作层面的风险控制的要求。

13.4.2　监督科技（SupTech）

新的科技手段不断涌现，一方面推动金融业态的变革，另一方面对监管提出了更高的要求。从需求侧分析，金融交易、清算、资金流动各个环节效率的提高，需要监管大幅提高时效，及时把握市场的脉搏。新的融资、投资模式的出现，又在很大程度上扩大了监管的职责范围，使被监管群体变得更加多元化。技术和金融的融合、交织和衍变更是增加了监管的复杂程度。传统的监管技术很难适应数字化金融的时效、体量、复杂程度的要求。监管机构需要更有效、更复杂、更先进的监管和监督工具来满足数字时代对它们提出的新的要求。

同时，从供给侧来看，新型的、高科技分析工具和方法的大量涌现为监督科技的发展创造了条件。危机以来各国金融监管机构收集了金融市场及其参与者的海量数据，成为监管科技发展的宝贵资源。同时，金融基础设施不断完善，为新一代监管体系的发展打下了良好的基础。在强大的需求的推动下，在技术条件、数据资源及基础设施不断完善的环境中，监督科技成为数字时代金融科技的一个重要分支。

自 2018 年以来国际清算银行（BIS）发表了一系列关于监督科技的

研究。该组织在 2019 年[13.11]对全球 31 个国家和地区的 39 个监管机构进行了调查。调查结果显示半数的监管机构拥有监督科技战略计划，或者已经开始着手搭建监督科技系统。

在监督科技帮助下，这些金融监管机构的监管数据采集、处理、存储、分析和可视化方面正由早期的静态分析走向自动化的智能分析，市场及监管规则研究从描述性变成定量化，审计从人工抽样检查走向自动实时监控，市场监测从事后分析逐渐走向事前预测。

展望未来，监管科技和监督科技的同步发展，将形成了一个高效的监管、合规数字生态。

在这个生态中，监管方和被监管方达成充分的数据联通，监管者使用被监管者的数据发现真正潜在的风险，监督金融市场参与者的合规行为，并观察相关监管规则改变对市场的影响，获取及时、真实的反馈。这些反馈可以用来掌握规则执行力度和范围，或者做出相应的修改和调整。监管规则的变化可以通过标准化通信渠道及时反映在被监管方的动态规则更新系统中，更加高效、准确地执行监管机构提出的最新规定。

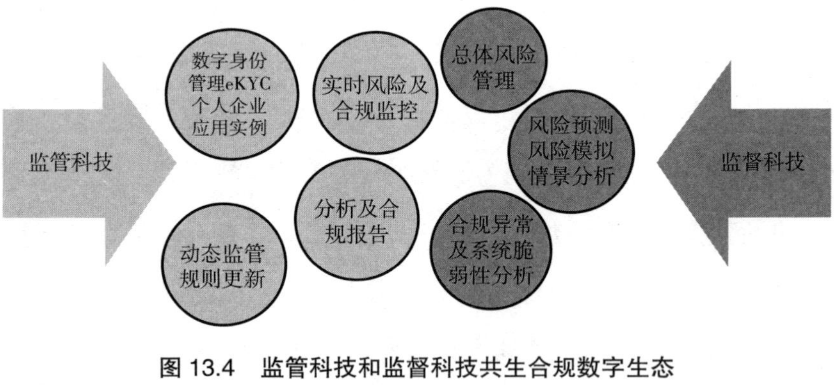

图 13.4　监管科技和监督科技共生合规数字生态

13.5　监管沙盒

正如我们在第 13.2 节中所讨论的，到目前为止，监管和创新之间的关系可以用一条“监管—创新”曲线来描述。我们希望新兴的金融服务行业的发展轨迹能够构成一条平稳的曲线，这需要监管和创新者的共同努力。在数字时代，新的金融模式的崛起非常迅速，单纯靠常规的“猫抓老鼠”式的发展关系很难奏效。然而，在创新的蓝海中航行，又没有现成航道可循。全面放开势必造成对金融市场稳定的冲击，完全管死又有可能将创新扼杀于摇篮中。如何解决这个矛盾？很显然，在新金融领域需要一个新型的监管和创新的工作模式和框架。监管沙盒就是国际上部分监管机构探索这样一个新型的工作框架做出的一个尝试。

什么是监管沙盒？监管沙盒是由监管机构主导设立的一个小规模可控环境，在这个环境内，监管当局允许少部分企业或者机构试运行各类创新型金融服务。在监管沙盒中，监管当局有条件地放宽一些规则（例如限定时期或者规模）。监管沙盒在很大程度上改变了监管和被监管者的关系，同时又不至于对真正的金融体系带来过多的干扰。

虽然“监管沙盒”的概念在其他领域建立得很早，但是由于长期以来金融监管都相对滞后于金融创新，第一个真正意义上的金融监管沙盒是由美国的消费金融保护办公室（Consumer Financial Protection Bureau，CFPB）在一个名为 Catalyst 项目中建立的[13.12]。2015 年，英国金融行为监管局（Financial Conduct Authority，FCA）[13.13]首次使用了“监管沙盒”这个术语。此后“监管沙盒”这个概念被 20 多个国家和地区采纳。

根据哥伦比亚大学数字金融观察网站统计[13.14]，迄今为止，全球共有60多个国家宣布建立金融监管沙盒，其中25个国家的监管沙盒已经正式运营。国际清算银行（BIS）2020年发表了一份对英国金融行为监管局（FCA）发起的监管沙盒的跟踪调研[13.15]，从大量的数据分析得出了以下几点结论：（1）监管沙盒有助于提高监管当局和被监管者之间的信息透明度。（2）监管沙盒有助于降低监管及合规成本。

中国版的监管沙盒也在迅速发展。2019年底人民银行正式启动金融科技创新监管试点（中国版监管沙盒），在北京首先推出后，正在稳步向其他地方纵深推进。截至2020年8月，9个金融科技创新监管试点（监管沙盒）已全部落地，覆盖北京、上海、成都、广州、深圳、重庆、雄安、杭州、苏州9个城市（新区），90多家金融机构和科技公司以单独申报或联合申报的方式，产生了60个项目进入沙盒测试。作为金融数字化和金融科技创新的重要协同机制，可以预期中国版监管沙盒在提升监管质效、促进金融创新、改善金融服务等方面将发挥重要作用。

监管沙盒使监管机构早期参与金融创新，切实了解金融创新的真实作用，及时发现潜在的风险，采用相对清晰、精准的方式及时调整监管措施，在很大程度上改变过去“一放就乱、一管就死”的局面。从而达到扶植金融创新，同时确保金融稳定大局不受影响的目的，确实不失为数字时代的一种有效的创新与监管之间的协同模式。

第 14 章

通向远方的路

万人操弓，共射一招，招无不中。

——《吕氏春秋》

九层之台，起于垒土。中小微企业融资难、融资贵问题是一片沼泽地，不是简单地抬脚迈步就可以到达目的地，搭建这条道路需要国家、地方政府、行业组织、市场和中小微企业共同参与，并在这个数字化生态圈中扮演各自不同的角色并承担不同的职责。

在前几章，我们描绘了未来数字世界的生态和这个生态将对中小微企业融资的影响，也深入地讨论了数字时代中小微企业融资方向和危险所在。千里之行，始于足下。这一章我们将讨论实现数字时代中小微企业新型融资方式的具体路径。用新金融的方法解决中小微企业的融资困难问题，不是政府、金融机构、企业自身就能解决的问题，它需要各方共同努力、同心协力才能成功。我们可以把中小微企业融资比作一片沼泽地，它不像一片平坦的大陆，坚持抬脚迈步就可以到达目的地，也不像一片平静的大海，只要有一艘快船，一个好水手就可以驶向彼岸。要穿过这片沼泽，需要各方协力，用金融科技架设自己脚下的道路。

搭建这条道路需要国家、地方政府、行业组织、市场和中小微企业共同参与，并在这个数字化生态圈中扮演各自不同的角色并承担不同的职责（见图 14.1）。

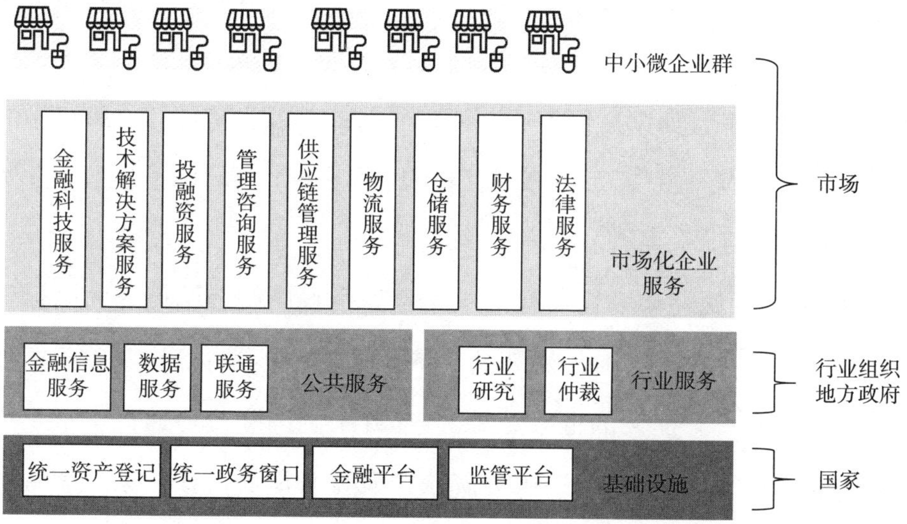

图 14.1　数字化中小微企业融资参与部门及职责

14.1 公共部门的角色和职责

公共部门，主要指的是国家和各级地方政府。即使是在数字时代，在中小微企业融资问题上，公共部门的参与必不可少。这不仅仅是政策上的鼓励和支撑，公共部门实实在在的服务是数字化中小微企业融资不可或缺的一环。

从国家层面来看，中小微企业的商务活动，从注册登记到缴纳税款都离不开和政府部门打交道。如果企业的业务还涉及对外贸易，那么还会有海关、外汇等部门的介入。长期以来，企业商务活动中涉及的这些政务服务分散在不同的地点、不同的部门、不同的系统中。即使在同一政府部门中，企业办理业务有时需要涉及不同的内部科室。很多时候需要往返穿梭于这些科室之间，耗费大量的人力、物力、时间和精力，大大地影响了企业运营的效率。近年来，在很多地方这种状况得到了很大的改善，集中服务大厅已经非常普遍，线上办事也越来越便捷。各种数字化公共政务平台如雨后春笋不断涌现。与此同时，跨部门、跨机构的电子政务平台也开始步入人们的视野，其中一个主要的例子就是国际贸易单一窗口项目。

《中国国际贸易单一窗口标准版》是为了响应联合国倡导的国际贸易便利通关号召，落实国务院口岸工作部际联席会议办公室《关于国际贸易“单一窗口”建设的框架意见》，提升中国国际贸易通关水平及履行中国加入 WTO 承诺，按照国务院统一安排和部署，在国家口岸管理办公室的直接领导下，依托中国电子口岸平台，各口岸管理和国际贸易相关部门共同参与建设的国家“十三五”重大项目。该项目于2016年12月启动建设，2017年5月试点，目前已在全国范围推广上线。这个系统将原报关报检系统整合为一个申报系统，实现了报关、报检、税务的一系列对接，减少了重复作业，提升了数据精准度，单一窗口已经成为我国进出口贸易过程中重要的模式之一。目前，“单一窗口”标准版包括仓单申报、货物申报、运输工具申报、许可证件申领、原产地证书申领、企业资质办理、查询统计、出口退税和税费支付9大基本功能，实现了与公安部、人民银行、审计署、海关总署、工商总局等11个部门系统“总对总”对接，覆盖全国所有口岸范围。申报业务量呈直线上升趋势。

除了类似“单一窗口”的数字化跨部门政务平台之外，国家层面另外一项重要任务是加强服务中小微企业的金融基础建设。目前支持中小微企业融资最重要的基础设施之一是中国人民银行征信中心2007年建立的动产融资统一登记公示系统（中征登系统）。这个系统的主要功能是为资金方和融资方提供应收账款质押、应收账款转让、融资租赁等动产担保的登记和查询服务，是中小微企业商业信用融资必不可少的基础设施，为推动供应链金融服务发挥了巨大的作用。

于2018年9月上线运行的人民银行贸易金融区块链平台（贸金平台）是国家支持中小微企业融资的另一个重要基础设施，是由中国人民银行数字货币研究所与深圳市中心支行主导推动建立的粤港澳大湾区贸易金融区块链平台。该平台采用金融科技手段，旨在打造立足大湾区，面向全国，辐射全球的开放金融贸易生态。贸金平台可以提升贸易融资效率，降低中小微企业融资成本，促进技术创新和业务创新，从而通过服务中小微企业融资激发企业创新活力，促进国家实体经济发展。贸金平台借助金融科技，以自动化流程、数字化资产形态作为设计基点，从技术上、理念上、架构上领先行业的发展，是迈向数字时代新金融的一项重要基础设施。

同时，2020 年 1 月上线的人民银行二代征信系统加强了企业和个人信用数据覆盖广度，提高了数据的及时性和准确性，增加了数据的维度，是国家为支持数字时代中小微企业融资向前迈出的又一坚实步伐。

公共部门的另外一个重要参与者是各级地方政府。长期以来各级地方政府在支持中小微企业融资方面做了大量的工作，包括从设立产业基金到为中小微企业提供纾困贷款、信用担保，从出台各种相关的扶植政策、建立产业基地到提供税收优惠等各种支持服务举措。

在数字时代，地方各级政府对中小微企业融资所起的作用不仅不会减少，反而会越发重要。一方面，地方政府是国家各部门政策的落实者和执行者，同时又承担着直接为企业服务的责任。地方政府所代表的公共部门，掌握着大量的公共数据，也掌握着连接国家层面基础设施或者平台的各类端口。从金融的角度讲，地方政府具有任何私人企业不具备的公信力，是公共数据、公共服务端口等资源的主要提供者和使用监督者。目前相对缺失或需要完善的是以地方政府牵头组建的公共服务统一平台或者端口，在保证公平、公正、合法合规的基础上做到数据共享和资源共享。

14.2　行业组织的作用

数字时代带来的高度平台化和碎片化在大的平台企业和各类小微企业之间留下了一个空白。如何处理平台巨头和小微企业之间的关系？小微企业的共同利益如何得到维护？如何协调社会化服务和个性化服务之间的资源配置？如何保证市场竞争的公平性？如何避免垄断的产生，保护消费者的根本利益？填补这个空白的重要组织将会是不同形式的行业组织，例如各个层级上的行业协会。行业协会是民间组织，深入到所在地区行业内的企业中，有着政府部门不具备的优势。在发展和完善市场经济体制中，行业协会不仅是维护市场经济秩序的重要力量，也是企业利益的代表者和维护者，在连接政府和企业中可能发挥不可替代的作用。

目前，中国的行业组织发展非常不均衡，在为中小微企业服务方面尤为欠缺。现有的行业协会是从原有的计划经济体制下，在改革开放后国家与社会关系的重构中发展起来的，随着改革开放的深入逐步走上经济舞台。从总体情况来看，改革开放以来，一部分很有作为的行业协会脱颖而出，但也存在不少发展一般或者比较差的民间行业组织。作为政府和企业之间的桥梁组织，行业协会目前大量的工作集中在协调政府和企业的关系方面，在建立行业自律机制以保证行业健康成长和帮助行业创新发展方面还有很多工作可以做。

数字时代需要各类行业组织在政府公共服务和市场之间搭建一类服务平台，为行业内的各类企业提供服务。例如，行业组织应该为企业提供与政府公共数据服务的端口，以公平、公正第三方的身份监督公共数据资源使用的合理性。行业组织还应该为各类企业之间根据行业自律规则提供冲突调解、仲裁服务，同时为未来各项法律法规和监管规则的制定提供依据。

14.3 企业的转型

数字时代的到来需要企业自身实现转型。中小微企业如果不积极拥抱数字革命，将很难赶上时代的步伐，最终会被淘汰。企业首先需要将自身的业务管理线上化、数字化。线上化、数字化绝对不仅仅是一个技术使用问题，它涉及很多观念和行为的转变。一般来说，中小微企业数字化转型的主要障碍有以下几个方面：

（1）企业运作惯性：一般情况下，成立一段时间后的企业都会有自己的一套运行方法，而每一次信息技术升级都意味着需要打破现有的模式。

（2）对信息共享的畏惧：企业对信息共享的畏惧来自两个方面——第一是对数字化经营环境缺乏信心。在前一阶段的很多 P2P 平台和数据公司中出现非法使用客户敏感信息、数据霸凌、数据要挟等事件，令大家心有余悸。第二是来源于自身经营不规范，因此对随着信息共享后出现的透明化经营充满戒心。

（3）技术门槛和成本障碍：数字时代转型涉及的都是高科技。这些技术方案的实施、老系统迁徙成本一般都很高。作为中小微企业，可以用于技术研发、技术投入的人才、资金、知识产权资源都非常有限。

对于中小微企业的这些数字化转型障碍，有的将会在大环境和大的行业趋势变革中得到解决，有的则需要在数字生态本身的设计和建设中加以考虑，有的还需要中小微企业本身的努力和改变。例如，本次疫情就是对企业线下运作模式的巨大冲击。疫情期间的隔离和疫情之后人们的行为惯性把很多原本线下的商业模式、沟通方法搬到了线上。在很大程度上促进了不少中小微企业的数字化转型。在未来的数字化、信息化浪潮中，相信嗅觉敏感、具有创新精神的那部分中小微企业为了生存将迅速调整和适应新的环境，拥抱数字时代的到来。

对于中小微企业数字化转型的成本问题，则需要用另外的方法去解决。如果让中小微企业自行承担数字化的技术投资和成本，可以预见有能力、有实力走在数字化前列的企业不会占多数。因此，从根本上解决中小微企业数字化和迁徙成本问题，必须实现行业的社会化、平台化服务。例如，搭建在国家基础设施和政府公共平台上的企业服务平台，好比在一栋数字化大楼里的不同功能的房间。中小微企业只需拎包入住，就可以开展业务，而无须考虑大楼的外部结构、内部装修、供电方式等问题。正如目前中国的 2C 电商环境一样，中小微电商并不需要知道如何搭建和维护一个电子商务平台。如果类似的行业服务平台把电商入住服务做到家，中小微企业作为电商入驻平台的技术门槛和资金成本由于规模效应，其成本一般就会在这些企业可接受的范围之内。

对于信息透明化和信息共享的畏惧，除了各类平台规范运营，保护平台上企业的数据权益之外，企业也需要审视和改变自己的行为，做到规范经营。企业应该充分意识到，在数字时代，诚信和合规都将成为企业立足的根本。只有合规经营企业才能走得稳、走得远。

参考文献

[1.1] European Commission，The new SME definition：user guide and model declaration section，2005.

[1.2] Group，Independent Evaluation，Financing micro，small，and medium Enterprises：AnIndependent Evaluation of IFC's experience with Financial intermediaries in frontier Countries.The World [EB/OL].（2008）2008Bank.http：//econpapers.repec.org/repec：wbk：wbpubs：6485.

[1.3] 国家统计局，统计上大中小微型企业划分办法 [EB/OL]（2017）。http：//www.stats.gov.cn/tjgz/tzgb/201801/t20180103_1569254.html.

[1.4] 刘元春 孙文凯 . 我国中小微企业发展现状、问题与对策 [J] . 人大国发院政策简报，2019（7–9）。

[1.5] Ayyagari A.Demirgüç –Kunt and V.Maksimovic，SME Finance [J] . World Bank Group，Policy Research Working Paper 8241.

[1.6] T.Miloud，A.Aspelund，and M.Cabrol，Startup valuation by venture capitalists：an empirical study [J] .Venture Capital，Taylor & Francis（Routledge），2012，14（2–3），pp.151–174.10.1080/13691066.2012.667907.hal–00951664.

[2.1] The World Bank，"The World Development Report 1989" . Washington DC：The World Bank.

[2.2] Nimal A.Fernando，"Understanding and Dealing with High Interest Rates on Microcredit"，Asian Development Bank，2006.

[3.1] IFC，"MSME Finance Gap"，International Finance Corporation publications，[EB/OL]（2017）. https：//openknowledge.worldbank.org/handle/10986/28881.

[4.1] Merton，R.C. On the pricing of corporate debt：The risk structure of interest rates [J] . Journal of Finance，1974（49），1213 - 1252.

[4.2] 徐晓红等，机器学习在中国信用债违约分析中的应用探索 [J] . 广州国际金融研究院研究报告，2019.

[4.3] 徐晓红等，"企业信用违约量化研究 [J] . 横琴新区管理委员会金融服务局研究课题，2019.

[4.4] Altman，E.I.，Default Recovery Rates and LGD in Credit Risk Modeling and Practice：An Updated Review of the Literature and Empirical Evidence [J] . New York University Working Paper，2006.

[4.5] Frye，John，Collateral Damage [J] . Risk，2000a（April），91–94.

[4.6] Frye，John，Collateral Damage Detected [J] . Federal Reserve Bank of Chicago，Working Paper，Emerging Issues Series 2000b（October），1–14.

[4.7] Moody's Investors Servic，2017，Annual Default Study：Corporate Default and Recovery Rates，1920–2016 [J] . Moody's REPORT NUMBER 1059749.

[4.8] 孟祥娟，债券违约回收系列专题之一：违约的债券回收率有多高？[J] . 申万宏源研究 2019.

[4.9] US Small Business Administration，Survival Rates And Firm Age[EB/OL](2019)，https：//advocacy.sba.gov/2016/11/01/startup-rates-and-firm-age/.

[4.10] 国家工商行政管理总局，全国内资企业生存时间分析报告[EB/OL](2013). https：//max.book118.com/html/2018/0215/153293454.shtm.

[4.11] 田芬，小微企业发展状况研究[J]. 国家统计局统计科学研究所《调研世界》，2015，中图分类号：F276 文献标识码：A 文章编号：1004-7794(2015)09-0007-04.

[5.1] OECD，Enhancing SME access to diversified financing instruments[J]. Discussion Paper SME Ministerial Conference，22-23 February 2018，Mexico City.

[5.2] 中国人民银行，中国银行保险监督管理委员会，中国小微企业金融服务报告[M]. 北京：中国金融出版社.

[5.4] OECD，Convid-19：SME Policy Responses[EB/OL](2020)，https：//icsb.org/oecdnote/.

[5.5] 全国中小企业股份转让系统，关于修改《全国中小企业股份转让系统股票挂牌条件适用基本标准指引》的公告[EB/OL](2020)，http：//www.neeq.com.cn/important_news/200007574.html.

[5.6] 中国证券监督管理委员会，关于在上海证券交易所设立科创板并试点注册制的实施意见，中国证券监督管理委员会公告〔2019〕2号，http：//www.csrc.gov.cn/pub/zjhpublic/zjh/201901/t20190130_350485.htm.

[5.7] 中国证券监督管理委员会，科创板首次公开发行股票注册管理办法（试行），中国证券监督管理委员会第153号令（2019），http://www.csrc.gov.cn/pub/zjhpublic/zjh/201903/t20190301_351633.htm.

[5.8] 中国证券监督管理委员会，科创板上市公司持续监管办法（试行），中国证券监督管理委员会第154号令（2019），http://www.csrc.gov.cn/pub/zjhpublic/zjh/201903/t20190302_351634.htm.

[5.9] 杨继红，中小企业众筹融资运营模式与风险控制[J]. 合作经济与科技，2020（3）。

[5.10] David Gustin，How multi-enterprise networks are changing the supplier finance game[J]. World Supply Chain Finance Report 2019.

[6.1] A Marshall，1890，Principles of political economy，New York：Maxmillan.

[6.2] Kenneth Boulding[M]. 1950，A Reconstruction of Economics. New York，USA：Wiley & Sons.p.34.

[6.3] Danny Miller，Peter H Friesen，A Longitudinal Study of the Corporate Life Cycle[J]. Management Science.30（10）：1161－1183.doi：10.1287/mnsc.30.10.1161.ISSN 0025-1909.

[6.4] Rutherford，M.W.，Buller，P.F.and McMullen，R，Human resources management problems over the life cycle of small to medium-sized firms[J]. Human Resource Management，2003，Vol.42 No.4，pp.321-335.

[6.5] S.Tam，and D.E.Gray，Organizational learning and the organizational life cycle：the differential aspects of an integrated relationship in SMEs[J]. European Journal of Training and Development，2016，40（1）：

2-20.

[6.6]：Jeffrey Sohl，The Angel Market in 2019：Commitments by Angels Increase with a Significant Rise in Deal Valuations [J] . Center for Venture Research，May 5，2020.

[6.7] 韩春玉，清科数据：疫情难挡机构开工步伐，2 月 VC/PE 投资金额环比小幅上升 [EB/OL](2020) . https：//free.pedata. cn/1440998437267325. html.

[6.8] S.Divakaran，P.McGinnis，P.et al，Private Equity and Venture Capital in SMEs in Developing Countries，The Role for Technical Assistance [J] . Policy Research Working Paper 6827（2014）.

[6.9] 国家统计局，2020 年 1—9 月全国规模以上工业企业利润下降 2.4%，http：//www.stats.gov.cn/tjsj/zxfb/202010/t20201027_1796416.html.

[6.10] 中国报告网，2019 年我国供应链金融市场规模不断扩大 市场参与主体数量不断增长 [EB/OL]（2019），http：//free.chinabaogao.com/gonggongfuwu/201910/1011454P32019.html.

[7.1] A.Opher，A.Onda et al，The Rise of the Data Economy：Driving Value through Internet of Things Data Monetization [EB/OL]（2016），https：//www.ibm.com/downloads/cas/4JROLDQ7.

[7.2] Katz，M.L.，& Shapiro，C.，The American economic review，1985. 75（3），424-440.

[7.3] 吴泗宗、蒋海华 . 对网络外部性的经济学分析 [J] . 同济大学学报（社会科学版），2012（13）-6.

[7.4] 中国互联网大会，从引流模式创新到系统化运营升级的进化：

2019 中国社交电商行业发展报告”，中国互联网协会微商工作组，创奇社交电商研究中心 .

［8.1］网贷之家，2019 中国网络借贷行业年报［EB/OL］（2019）. 网贷之家，http：//osscdn.wdzj.com/upload/2019wangdainianbao.pdf.

［10.1］沈艳、李苍舒，网络借贷风险缓释机制研究［J］. 北京大学数字金融研究中心课题组，2018.

［10.2］宋汉光，2018，“以制度创新推动票据市场高质量发展”，《当代金融家》2018 年第 8 期。

［10.3］上海票据交易所，2015 年至 2018 年上海市票据刑事案件情况分析［EB/OL］（2019）http：//www.shcpe.com.cn/info_63_itemid_1578.html.

［10.4］万联供应链金融研究院，中国人民大学中国供应链战略管理研究中心，2019 中国供应链金融调查报告（2019）.

［12.1］D.M.Covitz et al，The Evolution of a Financial Crisis：Panic in the Asset-Backed Commercial Paper Market［J］. Finance and Economics Discussion Series Divisions of Research & Statistics and Monetary Affairs Federal Reserve Board，Washington，D.C.2009.

［13.1］Federal Reserve Bank of Atlanta，Summing It Up：A Brief History of the Economy，Regulations，and Bank Data［EB/OL］（2016）. https：//www.frbatlanta.org/economy-matters/banking-and-finance/viewpoint/2016/12/06/history-of-bank-regulation.

［13.2］Al.Komai and G.Richardson，A Brief History of Regulations Regarding Financial Markets in the United States：1789 to 2009［J］. NBER

Working Paper 2011， No.17443.

[13.3] BIS，BIS Annual Economic Report 2019 [J] . BIS Annual Economic Report 2019 section Ⅲ .2019，pp 55–79.

[13.4] 大华信安，从蚂蚁金服收入结构和主要产品盈利模式看公司发展前景 [EB/OL]（2020）. https：//www.simuwang.com/news/232303.html.

[13.5] 瞭望智库，蚂蚁做错了什么”? [EB/OL]（2020）. https：//finance.sina.com.cn/wm/2020–11–06/doc–iiznctkc9946742.shtml.

[13.6] 财新周刊，2 万亿联合贷款挑战 [J] . 2019（41）.

[13.7] M.E.Stucke，Should We Be Concerned Abount Data Opolies? [J] . Georgetown Law Technology .Reviews .275（2018）.

[13.8] Sahil Chinoy，What Creepy Patents Reveal About Facebook [J] . N.Y.TIMES（June 21，2018），https：//nyti.ms/2MGqm7T [https：//perma.cc/MR9C–9LYD].

[13.9] Deloitte，Thomson Reuters，Fintech，Regtech，and the Role of Compliance Report 2021 [EB/OL]（2020）. https：//legal.thomsonreuters.com/en/insights/reports/fintech–regtech–compliance–report–2021.

[13.10] Combridge Centre for Alternative Finance，The Global RegTech Industry Benchmark Report [J] . Univercity of Combridge，Judge Business School.2019. https：//www.jbs.cam.ac.uk/wp–content/uploads/2020/08/2019–12–ccaf–global–regtech–benchmarking–report.pdf.

[13.11] S.di Castri，S.Hohl et al.，The suptech generations [J] . FSI Insights on policy implementation，No 19.

[13.12] CFPB（Consumer Financial Protection Bureau），Project

Catalyst Report：Promoting Consumer–Friendly Innovation [J] . Washington，D.C.：CFPB.2006.

[13.13] FCA（Financial Conduct Authority），Regulatory Sandbox [J] . London：FCA.2015.

[13.14] Digital Financial Services Observatory，Regulatory Sandboxes [J]，ColumbiaBusinessSchool，Columbia University，2020. https：// dfsobservatory.com/.

[13.15] BIS，Inside the regulatory sandbox：effects on fintech funding [J] . BIS Working Papers.2020 No. 901.

附　录

附录 I　部分国际中小微企业扶助机构

1.Asia-Pacific Economic Cooperation（APEC）（亚太经济合作组织）http：//www.BizAPEC.com/.

2.Central European Initiative（中欧倡议国组织）http：//www.ceinet.org.

3.European Commission Programme for the Promotion of Innovation and Encouragement of SME Participation（欧盟中小企业创新支持项目）http：//www.cordis.lu/innovation-smes/home.html.

4.European Small Business Alliance（ESBA）（欧州小企业联盟）http：//www.esba-europe.org/.

5.European Union's Programme for Promoting Entrepreneurship and SMEs（欧盟中小企业支持项目）http：//europa.eu.int/comm/enterprise/entrepreneurship/index.htm.

6.Global Information Network for SMEs（全球中小企业创新联盟）http：//www.gin.sme.ne.jp/home.html.

7.Hong Kong SME Information Centre（香港中小企业信息中心）http：//www.sme.gcn.gov.hk/smeop/english/index/cfm.

8.Inter-American Development Bank（IADB）（美洲发展银行）http：//www.iadb.org.

9.International Chamber of Commerce（ICC）（国际商会）http：//www.iccwbo.org.

10.International Council for Small Business（国际小企业协会）http：//www.icsb.org/.

11.International Network for SMEs（INSME）（国际中小企业联盟）http：//www.insme.info.

12.International Small Business Congress（国际中小企业联合会）

http：//www.isbc2001.org.

13.Organisation for Economic Cooperation and Development（OECD）（国际经济合作与发展组织）http：//www.oecd.org/.

14.Small Industry Development Organization（SIDO）（小型工业发展组织）http：//www.smallindustryindia.com.

15.United Nations Conference on Trade and Development（UNCTAD）（联合国贸易发展会议）http：//unctad.org/en/Pages/Home.aspx.

16.United Nations Economic Commission for Europe（UNECE）（联合国欧洲经济委员会）http：//www.unece.org.

17.United Nations Industrial Development Organization（联合国工业发展组织）http：//www.unido.org.

18.U.S.Small Business Administration（美国小企业管理局）https：//www.sba.gov/.

19.Virtual Congress for Young Entrepreneurs（青年企业家线上协会）http：//www.visionglobal.org.

20.World Association of Small and Medium-sized Enterprises（WASME）

（世界中小企业协会）http：//www.wasmeinfo.org/home.htm.

21.World Bank Group SME Department（世界银行中小企业部）http：//www.ifc.org/sme/index.html.

附录Ⅱ　KMV 模型简介

KMV 结构化模型简介

KMV 模型是由 Kealhofer，McQuown 和 Vasick 三人创立的信用风险分析专业公司提出。随后不同的学者们对该模型进行了大量的研究并改进，使得模型更具实战价值。KMV 公司被穆迪收购之后，该模型成为穆迪评级的重要参考工具。如前所述，KMV 模型本质上是默顿的模型的一个成功的实践范例。它的基本思路是将企业的负债看作一份认购期权。具体而言，当企业的股东借入一笔债券时，相当于买入了一份以企业资产价值为标的的欧式认购期权。假设还款期限为 T，当期末企业的资产价值低于一定水平的时候，企业就会对债权人违约，即不执行认购期权。在这个假设下，KMV 模型建立了一个企业的资产和负债之间的逻辑关系以及它们和企业违约之间的联系。只要能够观测到或者估算出企业未来的资产价值和负债总额，通过这个逻辑关系就能推算出未来企业违约的概率。

具体地讲，从默顿的企业证券估值角度出发，假设企业当前的总资产市值为 V_0，由于众多的原因，例如经济、行业、利率、汇率、政策和内部管理等，企业在未来时间 t 的市值为 V_t，具有一定的不确定性，是一个随机变量。如果这个随机变量的分布是一个正态函数，那么该随机过程可以布朗过程来表达：

$$\frac{dV_t}{V_t}\mu dt+\sigma_v dZ \qquad \text{式附 -1}$$

其中，σ_V 代表企业资产价值的波动率，μ 是一个漂移常数。dZ 代表一个分布函数为高斯（正态分布）的随机过程。

默顿模型引入的重要概念：

（1）企业市值期望值 $E\{V_t\}$ 表示企业市值在时间 t 的统计期望值；

（2）企业违约条件：默顿模型提出，当企业的价值小于企业负债时（资不抵债），企业将发生违约。

在最简单的情况下，默顿模型的基本原理可以用图附 1 表示。图中横轴为时间，纵轴为企业的价值，企业价值随时间的波动范围为其波动率，企业曲线随时间变化的斜率为漂移常数。当时间 $T=t$ 时，企业价值的分布函数为高斯函数，企业的总负债（假设是一个常数）用直线 D 表示，那么在时间 t 企业违约的概率就可以用图中的阴影部分（对高斯函数的从 $V=D$ 到 $-\infty$ 的积分）来表达。默顿模型的主要缺陷是企业总价值和价值的波动率都是不可观测的数据。

KMV 模型对默顿模型做了一些重要的修正。其主要创新有以下几个方面：

（1）引入了违约点（DPT）的概念。通过观察数百个发生违约的公司的实例，KMV 公司认为，企业违约发生的临界点，并不是当企业总价值（总资产）小于总负债时，而是一个介于企业的总负债 和 企业的短期负债值之间数值。 根据 KMV 模型定义，这个数为

$$\text{DPT=STD+0.5LDT} \qquad \text{（式附 -2）}$$

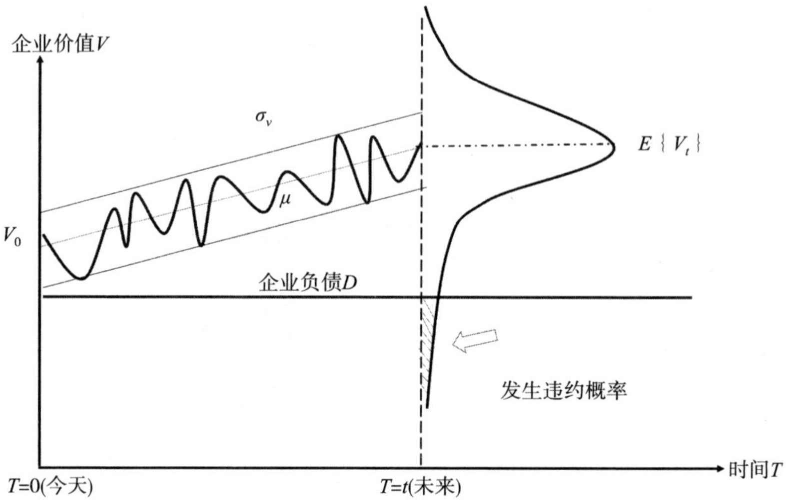

图附 1　默顿模型图示

其中，STD 为企业的短期负债，LDT 为企业的长期负债。

（2）KMV 模型引入了一个新的概念：违约距离（Distance of Default，DD）。违约距离的定义为经过方差归一化以后的企业价值期望值和所关注时间到违约点之间的距离。违约距离可以用以下公式表示：

$$DD=\frac{E\{V_t\}-DPT}{\sigma_v} \qquad \text{（式附 -3）}$$

（3）默顿模型提出了一个计算企业违约概率的方法。由于默顿模型假设企业资产价值变化遵从高斯分布，默顿模型预测的违约概率（PD）通常偏低。KMV 模型的另一个重要改进是引入了历史违约频率的概念（Expected Default Frequency，EDF）。EDF 和 DD 的关系可以通过违约公司的历史数据获取。其关系可以用图附 2 表示（Tomasz Zieliński，2013）：

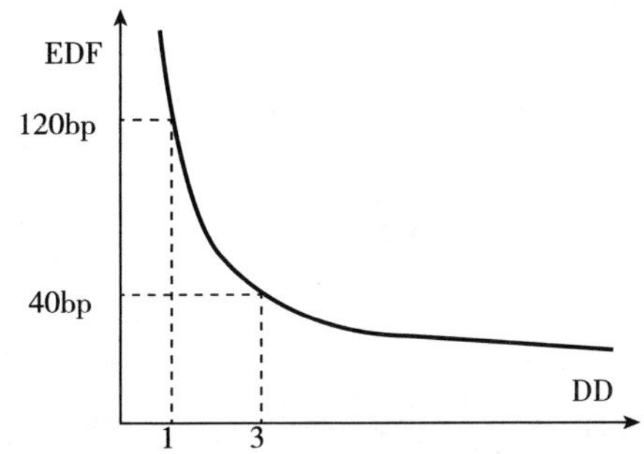

图附 2　EDF 和 DD 的关系

假设还款期限为一年，KMV 模型可以用图附 3 来表示。

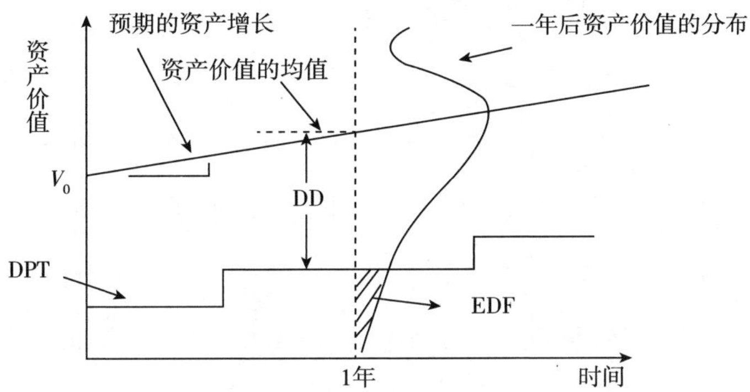

图附 3　KMV 模型图示

从图附 3 中可以看出违约距离越大，企业发生违约的概率越小，反之亦然。

后　记

我们站在一个时代交替的转折点上。在这里，我们既可以清晰地看到以前走过的道路，有近路、有弯路；我们也能隐约看见远处数字时代的曙光，达到光明的远方，需要爬过下一个峰顶，前程崎岖。转折点，充满了未知、疑惑，也充满了希望。

这个转折是充满困难和挑战的。中小微企业作为一个经济发展中最活跃、最重要的成分，一方面是着力拉动国家经济发展的关键核心，另一方面又关系到千家万户的生计、福祉。在目前这个新冠肺炎疫情肆虐、国际环境日益恶化的时刻，成千上万的中小微企业倒闭，尚未倒闭的也在苦苦挣扎、面临困境。中小微企业融资，这个全球性的难题，如今变得难上加难，急上加急。笔者从大的金融机构出来之后，置身于粤港澳大湾区万万千千创业者和中小微企业中，对中小微企业前行之难感同身受。每每为中国底层的创业者、从业者的坚韧所感动，也为他们的无奈担忧。

转折又是充满希望的。我们已经在很多领域中身处数字时代的中叶，下一个台阶将是革命性的——金融科技经过长时间的酝酿和准备，在数字供应链金融领域和与之相关的商业信用融资领域的条件接近成熟。产业、金融和高科技的深度融合将引爆行业的变革。

笔者在国内外大型金融机构工作二十余年，长期游走于科技和金融行业的边缘地带，深知科技和金融的结合将释放出巨大的能量，改变原有的生态，催生崭新的业态。从 2018 年起，通过系统地研究中小微企业的融资问题，结合多年从事金融科技的经验，试图找到这些引爆点，也试图将数字革命爆发出的巨大能量释放到解决中小微企业融资难题中去。在这个不平常的时刻，谨以此书献给千千万万的中小微企业家们，希望对他们有所启迪，有所帮助。

2021 年 11 月